METAVERSE

혁신의 안식처

Innovator Facilitator 김유경

METAVERSE

혁신의 안식처

메타버스 혁신의 안식처

초판 1쇄 인쇄 2023. 10. 10
초판 1쇄 발행 2023. 10. 30

지은이 | 김유경

펴낸이 | 박성수
펴낸곳 | 말쿠트
주 소 | 경기도 고양시 성저로25 608-204
이메일 | malkut@naver.com
등 록 | 제 2018-000076 호

ISBN 979-11-963823-0-8

METAVERSE

a resting place of innovation

PROLOGUE

메타버스에서 재즈 연주를 할거야......

'갑자기 웬 메타버스?' 제가 메타버스 책을 집필했다고 이야기 하면 주변에서 늘 듣는 질문입니다. 메타버스와는 아무 상관없는 일을 하는 것 같은데 접하기 어려운 메타버스에 관한 책을 썼다고 하니 다들 의아해 하십니다. 이 책을 읽기 전 독자 분들이 왜 제가 메타버스에 관심을 갖게 되었는지 우리의 삶에서 멀리 떨어져있는 것만 같은 메타버스를 왜 굳이 책으로 써야했는지 이야기를 들어보신다면 훨씬 재미있게 책을 읽으실 것 같습니다.

저는 어릴 적부터 하고 싶은 일도 많고 궁금한 것도 많아 늘 여러 가지 일들을 시도해 보는 것을 좋아했습니다. 저는 현실에서 정말 많은 종류의 직업을 경험해 보았습니다. 이러한 저의 경험이 메타버스에서 융복합적인 멀티페르소나의 삶을 살기위한 준비단계였나 봅니다. 이제 저의 삶에 딱 맞는 세계를 맞이하고 있습니다. 이미 '멀티'는 세상의 키워드가 되었습니다. 음악을 공부하기 전에는 외국인 회사에서 마케팅 일을 하였고 '국제 로비스트'가 되어 글로벌한 일을 하며 전 세계를 여행하고 싶었습니다. 국제관계 대학원에 입학하여 꿈을 이루기 위한 학업을 시작 하였습니다. 그러다 기회가 되어 미국 버클리 음악대학교에 입학하여 평소에 좋아하던 재즈 공부를 시작하게 되었습니다. 재즈 공부를 시작하고 활동을 한 지 얼마 되지 않아 저는 재즈를 그만두었습니다. 완벽하지 않으면 무대에 서고 싶지 않은 완벽주의와 늘 더 잘하고 싶은 강박에 갇혀 이를 견디지 못하고 '하나님'이라는 신앙의 이름 뒤에 숨어버렸습니다. 재즈를 그만 둔 후 빵집을 경영해보기도 하고 많은 비즈니스 영역의 일을 경험하였습니다.

13여년이 흐른 지금 저의 마음이 많이 자유로워졌기에 저는 제가 좋아하던 재즈 연주를 다시 시작하고 싶었습니다. 이제는 완벽하게 하지 않아도 되고 잘 하지 않아도 되고 그냥 제가 서 있는 그 자리에서 감사와 기쁨으로 그 순간을 행복함과 즐거움으로 즐길 수 있기 때문입니다. 재즈를 사랑하는 대중들과 진정한 소통도 해 보고 싶었습니다. '너무 오랫동안 음악을 쉬었는데 다시 시작할 수 있을까?' 하는 마음이 들었지만 '메타버스의 공간 안에서라면 시작해 볼 수 있지 않을까?', '디지털 기술의 힘을 빌리면 나의 생생한 감정을 잘 전달할 수 있지 않을까?' 하는 생각을 하게 된 것이지요. '그럼 어떻게 해야 하지?', '무엇을 준비하면 될까?'

하는 생각에 메타버스 공부를 시작하게 되었습니다.

메타버스는 지나가는 정체된 트렌드이다??

'AI, 인공지능', '챗 GPT', '생성형 AI', '가상공간', '메타버스' 이러한 단어들을 최근 미디어에서 많이 접하실 것입니다. 그럼 '블록체인'은 어떤가요? 우리나라에서 블록체인은 기술의 의미라기보다는 투기자본, 코인으로 점철되어 있는 오해가 있는 단어라 거부감이 드실 수도 있을 겁니다. 저도 메타버스를 공부하면서 코인의 지식을 알게 되고 투자를 했다가 많은 이익도 손해도 보았습니다. 그렇다면 재즈는 어떤가요? 메타버스와 재즈는 뭔가 어울리지 않는다고 생각하실 것 같아요. '메타버스' 하면 보통 3D 가상공간, 온라인 게임 이런 것들을 생각하지만 사실 새로운 트렌드의 디지털 생태계 세상이라고 생각하시면 좋을 것 같아요. 메타버스가 구현되기 위해서는 고도로 빠르게 진화된 디지털 IT 기술이 필요하고 과학기술의 발전과 밀접한 관련이 있습니다.

음악과 과학은 정말 잘 어울리는 한 쌍이라는 것은 많은 분들이 아실 것이라고 생각합니다. 음악은 과학에 영감을 주고, 과학의 발전으로 인해 음악은 영생을 살고 있습니다. '인생은 짧고, 예술은 길다' 음악은 과학의 발전으로 인해 이 말이 잘 어울리게 되었죠. 기록이 발전하기 전에 지식의 전달은 노인들에 의해 이뤄졌고, 문자가 발명되면서 역사가 기록되기 시작했습니다. 하지만 음악은 단지 글로의 기록만으로 불충분했기에 카세트테이프, CD, MP3로 가면서 많은 사람들에게 대중화 되었지요. 토마스 에디슨이 발명한 축음기의 기술은 음악의 대중화를 이끌었습니다. 소수의 사람들의 전유물이었던 음악이 대중들에게 다가가는 데는 과학이 든든하게 지지해줬기 때문이었다는 것, 그러면 메타버스를 통해 완성된다는 것은 어떤 의미일까요?

메타버스에서는 그냥 귀로 듣고 영상으로 보는 음악이 아닌 뮤지션과 만남을 가지고 악수도 하는 서로 소통이 가능한 공간이 만들어 질 것입니다. 사람들이 음악과 소통을 통해 꿈과 희망을 얻으며 힐링을 얻는 공간이 만들어 질 것입니다. 메타버스의 소통방식은 초연결이며 연결은 우리의 삶이 살아지는 방식입니다. 현재 과학기술은 놀랍게 발전하고 있으며 생성형 AI, Chat GPT 기술의 발전으로 텍스트가 아닌 음성으로 VR공간이 만들어지는 시대로 들어서고 있기에 메타버스는 여전히 지속적으로 발전하고 있습니다. AI 기술이 발달하면 할수록 메타버스는 더 열린 세계가 될 것입니다. 현재 MZ 세대는 사회의 주류를 이뤄가고 있으며 이들은 아날로그가 아닌 디지털 온라인 세상이 고향인 세대입니다. 그들이 만들어 갈 메타버스의 세계는 무궁무진합니다.

상상이 현실이 되는 세계

우리의 역사를 돌이켜보면 혁신은 사람들의 소망, 생각, 꿈에 의해 이루어져 왔습니다. 저는 메타버스에서 재즈를 연주하고 싶은 소망 덕분에 현실에서 재즈를 다시 시작하게 되었습니다. 13년 전 완성하지 못했던 음반을 발매하게 되었고 재즈신에서 왕성하게 활동을 시작하게 되었습니다. 이것은 저의 소망과 꿈, 그리고 주변 지인들의 응원에 힘입어 이루어진 결과입니다. 거울은 현실에 비추는 물질들을 보여주지만 실제로 만질 수는 없습니다. 그러나 우리의 상상속에 있는 세계를 메타버스를 통해 현실로 보여줄 수 있는 세상이 옵니다. 이 책을 보는 동안 온라인 세상에 나를 투영해 볼 수 있는 거울을 볼 수 있기를 바랍니다.

메타버스는 곧 다가올 미래에 우리의 현실의 삶이 될 것이기에 저의 책을 읽는 모든 분들이 메타버스를 쉽게 이해하길 바랍니다. 이 책은 모든 연령대를 위한 메타버스 세계를 살아가는데 꼭 필요한 안내서가 될 것입니다. 이 글은 메타버스 전문가가 지식을 전달하고 어떻게 발전할 것이라고 예상하는 책이 아닙니다. 4차 산업 혁명 등 과학기술의 발전을 통해 우리 사회는 어떻게 변했고, 어떻게 나아갈지 전문가들과 많은 대화를 나누고, 고민을 하여 어떻게 슬기롭게 메타버스를 사용하는 것이 좋을지 의견을 적은 사용설명서라고 생각해주시면 좋을 것 같습니다. 예술의 영역에 있어서의 메타버스, 기술적인 분야, 경제 전문가의 영역, 의학 분야에서의 메타버스를 생각해보신적이 있나요? 슬기롭게 메타버스를 이용하기 위해 저와 함께 여행을 떠나보지 않으시겠어요?

2023년 10월
김 유 경

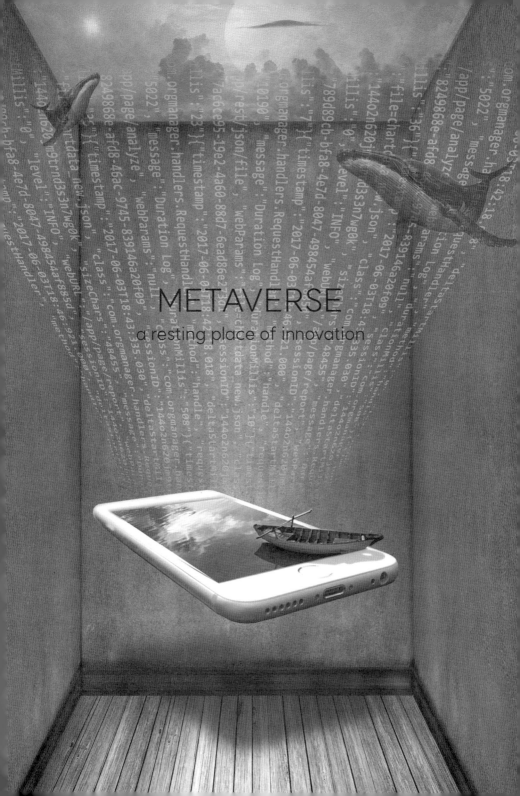

METAVERSE

a resting place of innovation

| Index | ·····································

 메타버스 혁신의 안식처

PART 1. 메타버스란 무엇인가

PART 2. 메타버스의 특징과 매커니즘

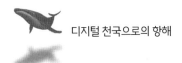 디지털 천국으로의 항해

메타버스 혁신의 안식처

　메타버스에 관한 논의는 이제 더는 새로운 화두가 아니다. 지구촌 모두가 메타버스에 열광하고 있으며, 아울러 속도감 있게 진화하고 있다. 그 진화의 속도가 워낙 빠른 탓에 메타버스란 키워드 역시 새롭게 형성되는 신조어에 의해 대체되고 있는 것이 현실이다.

　메타버스는 인류의 빠른 변화의 시대에 강한 속도감을 지닌 대표적인 진화의 키워드이다. 메타버스라는 키워드의 시작점에는 인류 역사상 새로운 문명의 시작을 이끌어온 4차 산업 혁명이 존재한다. 새로운 시공간을 향한 인간의 무한한 도약의 열망이 4차 산업 혁명을 일으키게 된 시발점이 되었다. 이러한 새로운 시공간을 향한 인간의 오랜 염원을 토대로 구현된 신비로운 가상공간의 실제화인 메타버스는 인간이 도달할 수 있는 상상의 새로운 패러다임을 불러일으켰으며, 그 패러다임의 중심에 혁신이 자리잡고 있다.

심지어 가장 비관적인 경제 예측론자인 미국 뉴욕대 교수인 누리엘 루비니(Nouriel Roubini)조차 초거대 위협으로 분열해 가고 있는 이 시대의 마지막 회복 전환동력을 혁신이라 말한 바 있다. 혁신은 이제 모든 지구촌 사람들의 충분조건이 아닌 필요조건으로 자리 잡았다.

하지만 우리는 이러한 얘기를 접할 때 묻게 되는 한 가지가 있다. 그것은 바로 혁신은 거대한 기업이나 조직, 정부와 같은 곳에서 주장하고 추진해야 할 거창한 이슈가 아닌가 하는 질문이다. 우리가 역사를 돌이켜볼 때 인류는 혁신을 주도하고 혁신에 눈을 뜬 파이오니아(pioneer)와 같은 사람에 의해 변화해 왔다. 혁신은 공동체, 국가, 대기업 등의 거대한 조직이 만들어내는 정책이나 전략을 실행하는 과정일 수도 있지만, 사실 깊게 들여다보면 한 개인의 깊은 사고나 인식의 눈뜸에서부터 비롯된 것이다.

'개인은 복잡하고 이질적이며 단체나 사회에서 고립된 존재'라고 보는 경향이 강하다. 아이러니하게도 '개인이 혁신에 눈을 떴다고 해서 세상이 변하거나, 급변하는 세상의 트렌드를 주도하지 못할 것이다'라는 부정적인 생각을 대량생산하는 게 오늘날 우리가 사는 첨단사회의 특징이 되었다. 하지만 혁신을 위해 역발상은 꼭 필요한 단계가 아닐까? 메타버스가 지향하는 가상공간은 누구에게나, 어느 조직에나 열려 있다. 무한 경쟁일 수도 있지만, 무한개방과 무한소통의 장이 열린 것이 바로 메타버스의 신비로운 혁신 효과이다.

 혁신을 다른 관점에서 보면 거대한 기업, 국가와 정책 논쟁의 그늘에 가려진 우리의 진짜 모습을 회복하고자 하는 인간의 원초적 에너지라 할 수 있다. 그렇기에 오늘을 사는 우리는 혁신의 안식처를 풍요롭게 누리고 이를 통해 급변하는 사회, 무한 경쟁 시스템이 견고해진 오늘의 현실에서 나만의 창조적인 공간을 회복하고 지속해야 할 것이다.

 이 책 '메타버스, 혁신의 안식처'는 메타버스의 기원과 특징을 다루고 있다. 하지만, 그 특징을 다루는 데 있어서 메타버스란 키워드가 이 글을 읽는 오늘의 독자에게 어떤 혁신의 가능성의 세계를 열어줄 수 있을지에 대해 함께 살펴보고자 했다.

 이제부터 우리가 함께하는 혁신의 여정이 기쁨과 설렘이 넘치는 신비로운 여행이 되기를 바란다.

PART 1
메타버스란 무엇인가

디지털 지구

메타버스는 디지털화를 통해 또 다른 지구를 만드는 것이다.

 2019년 12월 중국 후베이성 우한시에서 처음 코로나바이러스 감염이 확산했다 그 후 매우 빠른 속도로 온라인과 오프라인의 삶의 경계는 무너지고 있다. 우리는 디지털 중심으로 많은 변화를 경험하고 있다. 마이크로소프트(Microsoft, MS) CEO 사티아 나델라(Satya Nadella)는 "코로나는 2년이나 걸릴 디지털 전환(Digital Transformation)을 단 두 달 만에 이루어냈다"라고 말했다. 코로나 19는 디지털 혁명(Digital Revolution)을 가속화했다. 이것은 메타버스 시대가 열리는 핵심이 되었다. 메타버스(Metaverse)는 '초월'을 뜻하는 그리스어 메타(Meta)와 '세상, 우주'를 뜻하는 유니버스(Universe)의 합성어다.

 '메타버스'라는 용어는 어디에서 유래했을까? 1992년 미국 소설가 닐 스티븐슨(Neal Stephenson)이 쓴 소설 《《스노우 크래시(Snow Crash)》》에서 유래되었다. 메타버스는 우리가 사는 물질

현실 세계와 디지털 가상 세계가 융합되어 서로를 반영하며 영향을 주고받는 세계이다. 오프라인상에 존재하는 모든 것들이 디지털 암호의 형태로 변환되어 온라인상에 존재하는 '디지털 트윈(Digital Twin)' 세계이다. 메타버스 세상은 우리가 이미 경험하고 있는 온라인 게임과 같은 가상현실(Virtual Reality, VR)과 '포켓몬 고(Pokemon GO)'와 같은 증강현실(Augmented Reality, AR)을 포함한 새로운 디지털 공간이다. 빅데이터, 인공지능, 사물인터넷, 가상·증강 현실, 로봇, 블록체인, 클라우드와 같은 디지털 기술의 발달은 디지털 트윈 지구가 메타버스 세계 속으로 융합되는 것을 가능케 하였다.

언택트 문화가 메타버스를 앞당긴다.

우리는 코로나 확산으로 갑자기 맞게 된 언택트(Untact) 세계 속에서 당황할 수밖에 없었다. '언택트(Untact)'란 '접촉'을 의미하는 '콘택트(Contact)'와 '반대'라는 뜻의 접두어인 '언(Un)'이 합쳐져 만들어진 신조어다. '줌(Zoom)'으로 미팅과 수업을 하고 온라인 배달 앱으로 음식을 배달시키는 일과 같은 언택트 라이프는 빠른 속도로 우리 삶의 일부가 되었다. 코로나 이후 생활의 많은 것들이 점점 더 디지털 지구화되고 있다. 우리의 몸은 아날로그 세상에 살고 있으나 온라인 가상세계가 더 중요한 시대가 되었다. 2020년 말 엔비디아(Nvidia)의 최고경영자인 젠슨 황 (Jenson Huang)은 "미래 20년은 공상과학과 다를 게 없다. 메타버스의 시대가 오고 있다"며 메타버스의 시대를 선언했다. 이러한 젠슨황의 발언은 사람들의 마음속에 메타버스 청사진이 그려지는 큰 계기가 되었다.

2022년 6월 1일 중국 상하이시가 두 달 간의 코로나 봉쇄를 해제했다. 전 세계적으로 점차 코로나 격리가 완화되어 가고 있다. 2년 가까이 장기화 된 비대면 시대는 우리의 삶을 변화시켰다. 사람들은 이동 거리를 최소화 시켰다. 화상회의로 업무가 진행되면서 줌을 비롯한 스페이셜, 마이크로소프트의 팀즈, 시스코의 웹엑스등 여러 화상회의 플랫폼이 대중화 되기 시작했다. 전 세계 IT의 아이콘 도시인 실리콘밸리도 코로나 팬데믹을 피해갈 수 없었다. 도시가 봉쇄됐고, 회사들은 재택근무로 전환했다. 대부분의 업무가 온라인으로 전환이 되었다. 그러나 그들이 업무를 진행하는 데는 아무런 문제가 없었다. '줌(Zoom)'과 같은 화상회의 플랫폼을 이용해 '디지털 컨택(Digital Contact)'을 성공적으로 이어갈 수 있었기 때문이다.

언택트 문화는 코로나 이전에는 존재하지 않았던 것일까? 우리는 예전부터 언택트 문화속에 살고 있었다. 우리의 일상 기록을

페이스북, 블로그, 트위터와 같은 소셜미디어(SNS)에 올렸다. 그곳에서 친구를 맺고 블로그 이웃이 되어 '댓글'과 '좋아요' 버튼으로 소통 하고 있었다. 또한 배달의 민족, 쿠팡 잇츠, 옐프 닷컴(Yelp.com), 음식 블로거, 음식 유튜버의 별점과 리뷰 등 온라인의 활동이 오프라인 식당을 흥하게도 망하게도 하는 영향력을 갖게 되었다. 우리는 이미 온·오프라인이 구별이 안되는 세상에 접속해 있는 것이다. 온·오프라인이 서로 교류를 하고 있는 것이다.

기술적 차원으로만 보면 메타버스 세계는 10년 후에나 대두되었어야 하는 이슈였다. 그러나 팬데믹은 우리 사회의 디지털 트랜스포메이션(Digital Transformation)을 촉진시켰다. 디지털 트랜스포메이션의 가장 성공적인 예는 스타벅스의 '사이렌 오더(Siren Order)'이다. 사이렌 오더는 스타벅스 모바일 앱으로 주문하고 매장에 도착해서 대기하지 않고 바로 픽업해 가는 시스템이다. 대기가 필요없어 필자도 자주 편리하게 애용하고 있다. 사이렌 오더는 신속함과 편리함이 특징이다. 이러한 특징은 고객이 경험하고 싶어 하는 소비자 만족 니즈(Needs)이다. 이것이 온라인으로 확장되어 현실에 영향을 주었다. 우리는 이것을 디지털 기술이 가능하게 한 진정한 '디지털 트랜스포메이션'이라 볼 수 있다. 아날로그 시대의 한계가 온라인 세계가 현실로 경험될 수 있도록 진화된 것이다. 우리는 가상세계와 현실세계가 융합된 메타버스 세계의 초입에 들어서있다.

디지털 트윈은 메타버스의 시초이다.

현실에 존재하는 것이 디지털로 변환되었다고 하여 모든 것이
다 디지털 트윈(Digital Twin)이라고 할 수는 없다. 현실 세계와
가상 세계에서 트윈으로 만들어진 것이 소통할 수 있어야 진정한
디지털 트윈이라고 할 수 있다. 현실 세계와 가상 세계 사이에 상
호작용이 있어야 한다. 두 세계 사이의 피드백이 서로 간에 영향
을 줄 수 있어야 한다. 이러한 특징은 메타버스 세계와 현실 세계
사이의 관계와도 같은 맥락이다. 가상현실(Virtual Reality, VR)
안에서 오큘러스와 같은 HMD(Head Mounted Device) 고글을
쓰고 우리가 경험하는 것들은 그냥 가상현실의 경험인 것이다.

디바이스를 착용하고 가상현실VR 안에 만들어진 루브르 박물
관에 접속해 구경만 한다면 현실과는 아무런 상호작용이 없는 것
이다. 이것은 가상현실VR 일뿐 진정한 디지털 트윈이라 볼 수 없
다. 루브르 박물관에서 기념품을 산 것을 현실과 연동해서 받을
수 있다면 디지털 트윈의 개념이라 할 수 있다. 디지털 트윈은 갑
자기 등장한 기술은 아니다. 디지털 트윈(Digital Twin)이라는 용
어는 2002년 미국 제너릭일렉트릭(GE)에 의해 최초로 발표되고

사용되었다. 디지털 트윈은 현실 세계를 100% 똑같이 가상 세계에 디지털화한 쌍둥이를 3D로 구현한 것이다. 현실에서 일어날 수 있는 문제나 상황을 컴퓨터로 시뮬레이션 하여 결과를 미리 예측해 보는 기술이다.

 디지털 트윈은 제조업, 건설업 등 현실의 경험을 재현하는 시스템 활용이 유용한 분야에서 많이 쓰이고 있다. 제조업에서는 메타버스 시스템을 이용하여 물건을 제조 할 때 뿐 아니라 수리, 관리, 출시되는 모든 과정을 스마트 가상공장에 구축하고 있다. 안정성을 높이고 관리와 운영 비용을 대폭 절감하는 효과가 있다. 가장 성공적인 예가 독일 자동차회사 BMW 그룹이다. BMW는 엔비디아의 '옴니버스(Omniverse)' 플랫폼을 이용해 가상 공장을 만들었다. 엔비디아는 그래픽 카드GPU(Graphic Processing Unit)의 창시자이며 인공지능 컴퓨터 기술업체이다. 회사 내부 뿐 아니라 협력업체와도 실시간으로 제품 정보를 공유하고 함께 작업 할 수 있어 생산성을 높이고 많은 비용 절감을 할 수 있다.

 '더 와일드'는 가상현실VR 기반 건축 설계 협업 플랫폼이다. 예전에는 아크릴로 모형을 제작했기 때문에 제작하는데도 어려움이 있었고, 일단 만들어지면 수정도 어려웠다. '더 와일드'를 통해서 가상공간에서 건축물을 설계하고 고객의 피드백을 받아 바로 실시간으로 수정을 하여 전달한다. 항공 우주 분야에서도 디지털 트윈은 꼭 필요한 기술이다. 1970년도에 아폴로 13호가 달에 가던 중간에 산소탱크가 폭발하여 우주인들이 목숨을 잃을뻔한 사고가 있었다. '아폴로 13호'라는 영화로도 만들어질 만큼 이슈가 되었는데, 모의 실험을 통해 우주인 3명 모두가 지구로 귀환할 수 있었다고 한다. 이처럼 디지털 트윈은 재난과 사고가 잦은 분야에 꼭 필요한 기술이다.

현실과 소통하는 가상 세계(Virtual World)를 여는 디지털 기술

처음 메타버스를 접했을 때 메타버스를 쉽게 이해 하기 위해 먼저 알아야 하는 디지털 기술의 개념이 있다. 메타버스는 미지의 세계가 아니다. 우리는 이미 가상현실(VR)과 증강현실(AR)을 실생활에서 경험하고 있다. 메타버스는 가상현실VR과 증강현실AR을 포괄하는 확장된 개념이다. 메타버스는 3차원의 가상세계에 존재하므로 많은 사람들이 가상현실과 동일한 개념으로 생각한다. 가상현실은 현실 세계와 완전히 차단되어 있는 반면 메타버스는 현실 세계와 실시간으로 연결되어 교류한다. 강릉원주대학교 멀티미디어학과 '최재홍 교수'는 디지털 기술의 개념을 매우 재미있게 설명한다. 현실에서 갑자기 헛것이 보이는 것은 증강현실(AR), 꿈만 보는 것은 가상현실(VR), A가 가상에 똑같은 B로

복제된 유체이탈은 디지털 트윈의 개념이라고 설명한다.

 가상세계에서는 상상하는 모든 것이 가능하다. 가상현실을 경험하기 위해서는 일반적으로 헤드마운트 디스플레이(HMD)인 고글을 착용해야 한다. 이 때 경험하는 가상현실은 현실과 차단되어 있다. 우리가 꿈을 꾸고 있으면 꿈이 현실인 것처럼 착각이 되어지고, 꿈에서 깨면 현실인 것처럼 가상현실과 물질의 현실은 완전히 분리되어 있다. HMD를 착용하고 그랜드 캐년을 걷거나, 로블록스, 네이버 제페토, 마인크래프트, 포트나이트, 동물의 숲, 마이크로소프트의 홀로렌즈 같은 게임, 소셜, 생활 산업기반 등의 플랫폼은 가상현실의 기술을 이용한 것이다.

 가상현실VR과는 다르게 증강현실AR은 현실 세계를 기반으로 한다. 많은 영화와 드라마에서 증강현실 기술을 볼 수 있다. 그 중 최근 넷플릭스에서 방영되고 있는 〈〈나 홀로 그대〉〉라는 드라마를 보면 증강현실을 쉽게 이해할 수 있다. '홀로 글래스'를 쓰면 사람의 얼굴이 인식되고, 증강현실 기술을 통해 인식이 된 상대에 대한 정보가 현실에 덧 입혀진다. 영화를 찍고 그 위에 애니메이션을 덧붙이는 것도 증강현실 기술이다. 가상으로 다양한 옷 착용이 가능하게 하는 '가상 피팅 서비스 기술'도 증강현실의 한 예다. 많은 사람들이 증강현실을 메타버스로 보는 경우가 있는데 증강현실은 메타버스를 가능케 하는 기술 도구일 뿐 그 자체를 메타버스로 볼 수 없다.

 AR과 VR등의 기술을 모두 포함한 가상융합기술을 확장현실 (eXtended Reality, XR)이라고 한다. 현실과 가상 세계를 연결하는 다양한 기술을 통틀어 실감기술, 혹은 확장현실XR이라고 부른다. 확장현실XR 기술을 기반으로 한 새로운 디지털 생태계를 메타버스라고 볼 수 있다. 확장현실XR 기술의 빠른 발전은 우리가 영화에서 보았던 메타버스의 도래를 앞당길 것이다. 이러한 이유로 애플, 구글, 마이크로소프트, 페이스북 등 미국의 대표적인 빅 테크 기업들은 XR 기술을 선점하기 위해 적극적인 투자와 기술 개발에 힘쓰고 있다. 하드웨어, 이를 구동한 소프트웨어, 플랫폼, 안정된 소프트 웨어 작동을 위한 클라우드 기술과 여기에서 구동될 콘텐츠 개발에도 박차를 가하고 있다.

 먼 미래로만 여겨졌던 새로운 디지털 생태계인 메타버스의 문이 열렸다. 코로나 확산으로 인한 언택트 문화가 우리의 삶에 깊숙이 들어와 이제는 온라인과 오프라인의 경계 구분이 희미한 세상에 살고 있다. 아날로그 세상에 살고 있지만 디지털 온라인 세상이 더 우리의 실생활에 영향을 주는 '새로운 트렌드의 디지털 생태계 세상'을 향해 가고 있다. 메타버스의 항해는 이미 시작 되었다. '하루의 1%, 15분을 매일 투자하면 삶에 큰 변화가 있을 것' 이라는 성공 법칙이 있다. 메타버스의 항해를 성공하려면 이 1% 법칙을 기억하고 메타버스를 알아가자. 자연스럽게 메타버스에 탑승하여 성공적인 메타버스 항해를 시작하게 될 것이다.

가상세계와 현실세계 그 사이, 조화롭게 살아내기

"이번이 마지막 기회야. 이게 끝나면 돌이킬 수 없어. 파란 약을 먹으면, 이야기는 여기서 끝나. 자넨 잠에서 깨어 일상으로 되돌아가 믿고 싶은 걸 믿으며 살면 돼. 빨간 약을 먹으면, 이상한 나라에 남는다. 나는 토끼굴이 과연 어디까지 깊은지 보여줄 걸세. 명심하게. 난 자네에게 오직 진실만을 보여준다는 걸"

1999년 개봉된 영화 매트릭스에서 '모피어스'가 주인공 '네오'에게 파란 알약과 빨간 알약 중 선택을 하게 하는 유명한 대사입니다. '자궁, 어머니'라는 뜻의 Mater를 어원으로 한 수학적인 행렬이라는 뜻을 가진 '매트릭스(Matrix)'는 진짜보다 더 진짜 같은 가상현실 세상을 말합니다. 모피어스를 만난 후, 네오는 자신의 정체성을 깨닫습니다. 결국 자신이 정교하게 프로그램 된 가상세계인 매트릭스 세상 속에 살고 있다는 것을 알게 된 거죠. 가상세계와 현실세계 사이에서는 '보는 것이 믿는 것이다. (Seeing is Believing)'라는 원칙이 통하지 않습니다. 우리가 사는 현실은 진짜 세계일까 아니면 누군가에 의해 프로그램으로 만들어진 허상의 세계일까?

삶을 사는 우리는 늘 선택의 기로에 섭니다. 편리함과 편의성에 늘 그렇듯 손쉽게 항복하곤 하지만 잊지 말아야 할 가치는 분명합니다. 눈앞에 당장 보이는 것에만 현혹되지 말고 그 너머의 본질을 생각해야 합니다. 보이지 않는 것이 보이는 것을 압도하기 때문입니다.

"Do not try and bend the spoon. That's impossible. Instead, only try to realize the truth...there is no spoon. Then you'll see that it is not the spoon that bends, it is only yourself." - Spoon Boy, The Matrix

"숟가락을 구부리려고 하지 마십시오. 그건 불가능합니다. 대신 진실을 깨달으려고만 하십시오... 숟가락은 없습니다. 그러면 숟가락이 구부러지는 것이 아니라 당신 자신이 구부러진다는 것을 보게 될 것입니다."

- 스푼 소년, 매트릭스

Your creative idea

만약 당신이 네오라고 가정해 봅시다. 당신의 선택은 무엇입니까? 빨간 약인가요. 파란 약인가요.

연결의 혁신 WWW
메타버스를 통해 가상공간에서 동시간 연결이 된다.

인간의 뇌에는 신경세포인 뉴런이 수천억 개가 존재한다. 이러한 세포들은 다양한 방식으로 연결되어 있다. 뉴런 하나는 만여개 이상의 다른 뉴런들과 연결되어 있다. 사람의 사회적 네트워크보다 더 큰 네트워크를 우리 뇌는 가지고 있다. 한 개의 뉴런은 '시냅스'란 연결을 통해 다른 수천개의 뉴런과 신호를 주고 받음으로써 기억력을 갖게 된다. 메타버스 이야기에 갑자기 인간의 뇌세포 '뉴런'과 '시냅스'가 왜 등장할까? 인류문명의 역사를 살펴보면 인류는 '연결'을 매개로 지속 되어 왔다. 인간의 육체가 무수한 세포가 연결 되어 창조된 것과 같다. 인류 문명은 우리 안에 내재 되어 있는 '연결'이라는 기본적인 창조 원리 본능을 기반으로 한다.

메타버스는 현실세계와 가상세계가 인터넷으로 연결 된 '연결'을 기반으로 한 새로운 디지털 문명이다. 인류는 인터넷이 세상에 등장한 후 새로운 연결 사회에 살고 있다. 전 세계 인구의 60%

가 인터넷으로, 92.8%가 스마트폰으로 연결이 되어 있다. 인터넷으로 전 세계 인구 50% 이상이 연결 되어 있는 것이다. 공간을 초월해서 한국에서 지구 반대편 아프리카에 살고 있는 사람과 실시간으로 정보를 주고 받는다. 원하는 자료를 먼 곳에서 순식간에 받을 수도 있다. 현실 세계에서 한 번도 만난 적이 없는 사람과 친구가 된다. 우리는 편리함에 적응돼 인터넷이 없는 세상은 상상할 수 없다. 우리가 사용하는 인터넷에 일대 변혁이 일어나고 있다. 전 인류는 초연결 시대를 가능하게 할 '메타버스'라는 전혀 다른 인터넷 시대를 맞고 있다.

연결의 진화는 메타버스를 가능하게 한다.

인터넷의 발달로 메타버스는 공간적, 시간적으로 무한하게 확장할 수 있게 되었다. 인류의 초연결을 가능하게 한 것이며 디지털 전환(Digital Transformation)은 초연결을 특징으로 한다. 이러한 디지털 문명의 핵심인 초연결은 빠른 속도로 발전하고 있는 기술을 바탕으로 한다. 데이터, 네트워크, 인공지능AI 등 정보통신기술(Information & Communications Technology, ICT)의 융합기술은 초연결 기반 기술이다. 택시 없이도 택시 비즈니스 차량공유 서비스를 제공하는 우버(Uber)와 호텔 한 채 없이 호텔 사업을 가능하게 하는 숙박공유 서비스 에어비앤비(Airbnb)는 초연결 시대를 대표하는 이미 오래 된 비즈니스 사례이다.

 사람들 사이에 연결을 만들어 주는 기업들이 시가 총액 1등부터 10등까지 차지한다. 사람과 사람간에 신용을 얻게 해주는 기업이 성공한다는 얘기다. 대표적인 사례가 '카카오'이다. 처음 카카오 서비스가 출시 되었을 때 사람들은 카카오가 망할 것이라고 했었다. 서비스를 무료로 제공했기 때문이다. 지금 카카오는 소통과 연결의 매개체이자 빠르게 성장하는 글로벌 기업으로 도약하였다. '카카오'는 초기에 메신저 '카카오톡'으로 시작했다. 현재 사업 영역을 카카오스토리, 카카오뱅크, 카카오모빌리티, 카카오페이, 카카오인베스트먼트 등으로 확장하여 다양한 서비스 플랫폼을 제공하고 있다. 최대 포털사이트 다음을 인수했고 시가총액 66조원(2021년 7월 기준), 국내 3~4위 기업으로 성장했다. 소통과 연결의 가장 대표적인 SNS 기업 페이스북은 사명을 '메타'로 바꾸고 메타버스의 소통방식으로 빠른 속도로 기업 전략을 대처해 나가고 있다.

 2019년 '스마트클라우드쇼(Smart Cloud Show,CES)' 주제어가 '호모 커넥투스(HOMO-CONNECTUS)'였다. '스마트클라우드쇼'는 국내외 IT 및 비즈니스 전문가들을 초청해 기술발전과 비즈니스 트렌드를 자세히 소개하는 행사이다. 성신여대

정치외교학과 최민자 교수는 "신조어 '호모커넥투스(HOMO-CONNECTUS)'는 4차 산업혁명 시대에 부응하는 인간의 새로운 정체성을 뜻하며, 그 바탕은 초연결·초융합·초지능이다. 다시 말해 사람과 사물, 공간 등이 상호 연결되는 초연결사회의 인간을 호모커넥투스라고 할 수 있다."라고 저서 '호모 커넥투스'에서 말하고 있다.

메타버스는 인간과 다른 인간(타인), 인간과 나(아바타), 인간과 공간, 인간과 사물, 사물과 사물, 사물과 공간을 연결한다. 시공간을 연결하고 다른 메타버스 세계를 연결하며 현실세계와 가상세계를 연결한다. 상시 인터넷 연결을 기반으로 한 메타버스를 통해 우리는 메타버스안에서 인공지능 로봇과 연결되는 특이한 시점도 맞게 될 것이다. 연결은 계속 진화해 가고 있다. 메타버스를 '연결'이라는 인문학적인 시선에서 보게 되면 우리가 앞으로 메타버스를 어떠한 방식으로 살아가고 적응해야 할 것인지 알게 된다. '연결'이라는 키워드 안에 메타버스의 성공방식이 보여질 것이다.

인터넷의 진화 역사

인터넷은 1989년 팀 버너스 리(Tim Berners Lee)에 의해 만들어졌다. 그는 월드 와이드 웹(World Wide Web, WWW), 줄

여서 웹(web)이라는 개념을 만들었다. 팀은 인터넷의 아버지라고 불린다. 인터넷과 웹의 개념은 다르다. 인터넷은 '하드웨어 망 (network)'이고 웹은 '소프트웨어 장(field)'이다. 일반 대중들이 인터넷에 접속할 수 있게 된 것은 인터넷 주소창 맨 앞에 적혀 있는 http(Hypertext Transfer Protocol, 하이퍼텍스트 통신규약) 덕분이다. 하이퍼텍스트란 '초월(Hyper)과 문서(Text)'의 합성어이다. 인터넷에서 링크 화 된 글자나 이미지에 마우스를 갖다 대면 손가락 모양으로 변한다. 그걸 누르면 링크 되어 있는 페이지로 이동하는데, 이 페이지들은 하이퍼링크를 통해 초연결 되어 있기 때문이다.

인터넷 생태계 원리를 이해하려면 '하이퍼텍스트'라는 개념을 이해해야 한다. 인터넷이 메타버스 연결을 가능하게 하는 것은 바로 '하이퍼텍스트'이다. '하이퍼텍스트'는 하이퍼링크를 통해 독자가 한 문서에서 다른 문서로 즉시 접근할 수 있는 텍스트이다. 백과사전의 대명사 '브리태니커'는 1995년 스위스 개인 투자자에게 헐값에 넘겨지면서 그 당시 많은 사람에게 충격을 주었다. 아날로그 텍스트(종이 백과사전)가 초월적으로 링크 되어 있는 하이퍼텍스트를 당해낼 수 없었다. 현재 우리가 이용하는 위키피디아(Wikipedia) 서비스와 비교해 본다면 너무도 당연한 일이다.

인터넷은 끊임없이 진화했다. 이 인터넷의 진화 과정 별로 구분해 놓은 것이 웹1.0, 웹2.0, 웹3.0이다. 1990년 전화망을 이용했던 파란 화면의 PC 통신을 기억하는가? PC에 접속을 해서 제공되는 콘텐츠를 읽는 것만 가능했다. 웹 1.0시대에는 다수의 사용자가 일방적으로 소수가 제공하는 제한된 형태의 정보를 읽기만 할 수 있었다. 웹 1.0에서는 포털 정보 검색, 이메일, 게시판, 메신저, 홈페이지 등 폐쇄형 서비스를 이용하였다. 2000년대 들면서 웹 2.0은 인터넷이 보급 확산됨으로 급속하게 발전했다. 소셜 미디어 플랫폼들이 대거 등장하면서 사용자들이 직접 정보 만들기에 참여하고 다른 사람들과 공유할 수 있게 되었다. 위키피디아의 백과사전을 사용자들끼리 직접 만들고 이용하는 것이 가능해진 것이다.

웹 3.0은 메타버스이다. 포털에서 플랫폼으로, 1차원에서 2차원으로 진화한 인터넷은 점점 3차원으로 진화했다. 디지털과 ICT 기술이 진화하면서 플랫폼은 다양하고 인공적인 모습으로 진화를 하였다. 웹 2.0 시대에서 사용자들이 자신들의 생각을 자유롭게 공유하고 콘텐츠를 원하는 대로 만들어 올리는 개방성에 환호를 했다. 이 과정에서 플랫폼의 몸집이 지나치게 커지게 되었다. 사용자의 개인 데이터를 기업들 마음대로 사용하고 팔아서 광고 수익을 얻는 비즈니스 모델이었기 때문이다. 개인정보가 유출이 되고 해킹이 되는 사건이 발생했다. 여기에 반발하여 만들어진 웹 3.0은 탈중앙화(decentralized)되는 세상이다. 블록체인 (Blockchain) 시스템을 기반으로 한다. 개인의 데이터 소유가 가능해진 미래의 웹 생태계이다. 웹3.0에 대한 더 자세한 내용은 다음 챕터 '메타버스의 매커니즘'에서 다룰 것이다.

차세대 인터넷 혁명 메타버스

게임 '포트나이트' 제작사인 에픽게임즈의 CEO 팀 스위니(Tim Sweeney)는 "메타버스는 인터넷의 다음 버전, 공간 인터넷이다"라고 말했다. 메타버스 세상에서는 2D 평면의 인터넷이 3D 공간인터넷으로 진화된다. 사용자들은 그동안 2D로 이용했던 모든 서비스들을 가상 공간안에서 즐기게 될 것이다. 정보 검색, 직장 업무, 교육, 쇼핑, 게임 등 모든 현실세계의 활동이 다른 이용자들과 함께 어우려져 현실에 실제로 있는 것처럼 온라인 가상공간에서 이루어 진다. 실제와 같은 몰입감과 사실감을 극대화 하기 위해 많은 빅테크 기업들이 디바이스를 개발하고 있다. 이러한 기술은 사용자들을 가상 온라인 세계에 더 집중하게 할 것이다.

메타버스가 기존의 인터넷과 다른 것은 몸을 지닌 인터넷(Embodied Internet), 체화된 인터넷이라는 것이다. 2.0 시대의 인터넷을 통해서는 제공되는 콘텐츠를 보고 들을 수만 있었다. 메타버스 안에서는 우리가 그 콘텐츠 안으로 들어간다는 것이다. 인터넷 시대에는 키보드 터치 방식을 사용하였으나 메타버스 시대에는 시각, 청각, 촉각 등 오감을 활용한다. 이것은 우리의 오감이 콘텐츠를 경험한다는 의미이다. 최근 메타(Meta, 구 페이스북) 리얼리티 랩(Reality Lab)은 2024년 AR 글래스 출시를 목표로 하고 있으며 영화 〈마이너러티 리포트〉에서 등장한 촉각 구현을 위한 햅틱 글러브(Haptic Glove, 촉각 장갑) 시제품을 공개했다.

통신 회사들도 메타버스 시대를 위한 준비를 가속화 하고 있다. 박정호 SK 스퀘어 대표는 "모바일과 인터넷이 지난 20년 동안 진화해 우리의 일상이 됐듯이 메타버스가 미래의 일하는 공간, 소통하는 공간으로 진화할 것이라며 SK 텔레콤에서 메타버스를 개발하고, SK 스퀘어에서 메타버스 생태계에 필요한 기술과 혁신에 대한 투자를 추진하고 있다"고 밝혔다. KT는 올레 tv 홈쇼핑 방송에 증강현실(AR) 기술을 접목하여 상품을 입체적으로 체험할 수 있는 'AR 쇼룸' 서비스를 출시했다. LG 유플러스는 중국 스마트 글라스 스타트업인 엔리얼Nreal과 협력하여 AR 글라스 세계 첫 상용화를 노리고 있다.

이제 본격적으로 메타버스 3.0 시대로의 대전환이 시작됐다. 미국 시가 총액 5위안에 드는 빅 테크 기업 페이스북이 회사 이름을 '메타'로 바꿨다는 것은 매우 중요한 의미이다. 애플, 구글, 마이크로소프트, 엔비디아 등 수많은 빅테크 기업들과 플랫폼 기업들이 선두를 이루고 있다. 한국의 삼성, LG, SK, KT 등도 자체 인공지능 브랜드를 만들고 있다. 메타버스 시대에 맞는 비즈니스 모델로 전향하기 위해 수많은 세계적 기업들이 뛰어들고 있다. 앞으로는 웹2.0시대의 플랫폼이라는 용어가 '메타버스'로 대체될 것이다.

메타버스는 연결을 기반으로 한 우리의 삶과 생활 방식을 획기적으로 바꾸어 가고 있다. 인터넷이 진화하면서 '메타버스'라는 웹 3.0 시대에 큰 변화를 가져다 주었기 때문이다. 웹 1.0 시대에는 PC를 통해 웹web에 접속했고 포털사이트를 이용해 정보를 얻었다. 웹 2.0 시대로 변화하면서 소셜미디어와 같은 수많은 플랫폼 기업들이 발전을 했다. 사용자들이 자신들의 콘텐츠를 자유롭게 웹에 올리고 다른 사용자들과 적극적인 교류를 했다. 이 과정속에서 개인정보 들이 오용되고 남용되었다. 이런 문제속에서 탈중앙화(decentralized) 블록체인(Blockchain) 기술에 기반한 웹 3.0의 시대가 열렸다. 웹 3.0 시대는 개개인이 힘이 플랫폼의 힘보다 더 강해지는 차세대 인터넷 시대가 될 것이다. 웹 3.0 메타버스 공간은 사용자 중심의 새로운 혁신의 미래 공간이 될 것으로 기대된다.

우리는 지금
▶━◆━ 초연결(Hyper-Connected) 시대를 살고 있다. ━◆━◀

지금 당장 인터넷 연결이 끊긴다면 당신의 삶엔 어떤 일이 일어날까요? 디지털 정보와 무선인터넷 커뮤니케이션 사회에 살아가는 우리에게 인터넷, SNS의 단절은 모든 정보로부터의 단절을 의미합니다. 다시 말해 세상과 나의 접속 통로가 끊어진다는 것입니다.

스마트폰과 소셜미디어는 인류의 연결방식을 완전히 바꾸어 놓았습니다. 언제 어디서든 내가 원하는 대로 다양한 사람들과 그 역시 다양한 방식으로 소통이 가능한 시대입니다. 그런데, 질문이 생깁니다. 여러분은 이러한 거미줄처럼 연결된 초연결 시대가 편하게만 느껴지시나요? 행복함을 느끼나요? 아니면 때로는 거미줄처럼 촘촘한 연결방식에서 벗어나길 느끼기도 하나요? 올더 헉슬리의 1931년작 소설 〈멋진 신세계 (Brave New World)〉에서는 항상 행복한 인간 사회를 그리고 있습니다. 그 행복한 사회는 누군가와 언제나 연결되어 있습니다. 우울할 틈도 없이 쾌락을 즐기며 외로움을 실감할 순간조차 주어지지 않는 사회입니다. 조금이라도 우울한 감정이 든다면 바로 '소마'라 불리는 매직 알약을 먹으면 모든 근심 걱정이 사라지는 사회입니다. 이러한 꿈과 같은 일이 일어날 수 있는 것이 바로 초연결 시대입니다. 먼 미래에나 있을 일이 아닌 것 같습니다. 아니 어떤 영역에서는 이미 이런 일들이 벌어지고 있을지도 모릅니다. 하지만, 그 연결이 진실과 맞닿아 있는 연결로 발전하지 않는다면 어떨까요. 우리의 삶은 무감각한 우울증에 빠져들지도 모릅니다. 연결과 단절, 그 사이에 우리, 현대인은 서 있습니다. 조화와 균형이 필요한 요즘입니다.

"We are more connected than ever before but completely disconnected from reality." - Gary Turk

"우리는 어느 때보다 더 연결되어 있지만 현실로부터는 완전히 분리되어 있다." -게리 터크

"Technology is a useful servant but a dangerous master."

- Christian Lous Lange

"기술은 유용한 종이지만 위험한 주인이 될 수 도 있다."

- 크리스티안 루스 랑게

Your creative idea

연결과 단절 중 어떤 것에 더 끌리나요?
당신은 지금 이 둘을 조화롭게 지속 가능
할 수 있는 준비가 되어 있나요?

빠른 속도

스마트폰이 대중화되는데 걸린 시간은 10년이지만
메타버스는 3~4년에 불과하다.

1997년 개봉한 한석규 전도연 주연의 〈접속〉은 디지털과 아날
로그 시대의 과도기를 느낄 수 있는 영화다. 두 남녀 주인공의
만남은 PC 통신 유니텔에 '접속'하여 채팅을 통해 이루어진다.
1990년대는 PC통신 마니아 시대로 '천리안, 하이텔, 나우누리,
유니텔' 등 4개 서비스가 주류였다. 2000년대 들어서면서 인터
넷 시스템이 도입되었고 '구글, 네이버, 다음'이 주도하는 포털 서
비스(검색 엔진)가 시작되고 'PC 시대'에서 '인터넷 웹 시대'로 넘
어가게 된다. 이때 유행한 플랫폼들은 '세이클럽', 한국 최초의
SNS 라 불리는 '아이러브스쿨', '프리챌', 메타버스의 첫 효시라
고 볼 수 있는 '싸이월드' 등이 있다. 한때 '국민 소셜네트워크서
비스'였던 이러한 플랫폼들은 마침내 역사의 뒤안길로 사라지게
되었다.

2010년 스마트폰의 보급이 시작되었기 때문이다. 스마트폰 시대가 도래 한 것이다. 모든 SNS의 중심이 모바일로 옮겨갔다. 모바일 디지털 환경에 적응하지 못한 서비스들은 모두 쇠락의 길로 내버려졌다. 실시간 소통이 가능해 편리하게 이용되던 '네이트온'과 'MSN' 채팅은 PC에서만 이용이 가능했다. 시간과 장소에 구애받지 않는 모바일 앱 채팅 '카카오'와 '라인'으로 이용자가 옮겨갔다. 스마트폰의 대중화는 모바일 혁명을 만들어 내었고 세상은 급속도로 모바일 중심의 삶으로 바뀌었다. 지금 우리는 또 다른 새로운 변혁을 맞이하고 있다. 2020년 코로나 팬데믹이 오기 전까지 누구도 '모바일 시대'가 '메타버스 시대'로 자리를 넘겨줄 것이라고는 상상하지 못했을 것이다.

스마트폰 혁명을 이루다.

2007년 1월 9일 미국 캘리포니아주 샌프란시스코에서 열린 '맥월드 2007 엑스포'에서는 역사의 한 획을 긋는 일이 일어나고 있었다. 무대 위로 올라선 고(故) 애플의 CEO '스티브 잡스(Steve Jobs)'는 "우리는 오늘 함께 역사를 만들 것입니다. (We're going to make some history together today.) 오늘, 애플은 전화기를 재발명하려 합니다. (Today, Apple is going to reinvent the phone.)"라고 말했다. 전화기는 이미 존재하는데 전화기를 재발명한다니 무슨 이야기일까? MP3 플레이어 '아이팟(iPod)' + '폰(Phone)' + '인터넷 커뮤니케이터(Communicator, 장치)' 이 세 가지 기능을 하나의 기기로 담은 애플의 신제품 '아이폰(iPhone)'이 탄생한 것이다.

예수의 탄생을 기준으로 기원전 BC(Before Christ:예수 그리스도가 태어나기 이전)와 기원후 AD(Anno Domini:주님의 해를 나타내는 라틴어)를 사용한다. 아이폰이 탄생한 1월 9일은 IT업계에 각별한 의미를 주는 역사적인 날이다. 아이폰 이전과 아이폰 이후로 인류의 삶의 경계가 분명해 졌다. 어떤 이들은 'BI(Before iPhone), AI(After iPhone)'라는 연호를 사용할 정도니 말이다. SK경영경제연구소 조영신 박사는 "아이폰이 그 전에 나온 스마트폰과 다른 이유는 '스마트'를 더 이상 수식어로 사용하지 않는다는 데 있다"라고 주장한다. '아이폰' 이전에도 스마트폰(smart phone)은 존재하고 있었다. 전화기인데 똑똑한 전화기라는 의미다. '아이폰'은 '스마트폰(Smartphone)'이 됐다. 스티브 잡스의 '아이폰'은 새로운 명사를 탄생시켰다. 아이폰으로 21세기 인류의 유비쿼터스 시대가 열렸다.

아이폰 이전에도 스마트 폰은 존재하고 있었다. '모토로라(Motorola)Q', '블랙베리(BlackBerry)', '팜 트레오(Palm

Treo)', '노키아(Nokia) E62'등이 치열하게 각축전을 벌이고 있었다. 애플이 아이폰으로 이 세상을 '애플 월드'로 점령해 가는 동안 기존 스마트 폰 경쟁사들은 점차적으로 시장을 빼앗기더니 몰락의 길로 들어서 이제는 흔적도 없이 사라져버렸다. 애플과 협업하거나 애플의 방식을 따라간 회사만이 치열한 경쟁에서 살아남을 수 있었다. 구글과 협업한 '삼성의 갤럭시 시리즈'와 저가 가격 경쟁력으로 시장을 선점한 중국의 '샤오미(Xiaomi)' 등이다.

아이폰이 기존 스마트폰 시장에 다르게 불러온 혁신은 무엇이었을까? 그것은 사용자 중심의 인터페이스인 '모바일 앱(Mobile App)' 시장의 문을 연 것이다. 조그만 네모 모양의 앱 안에는 사람과 사람을 연결하고, 나의 하루 일과를 만들어 내는 세상이 만들어졌다. 아침 날씨를 확인해주고 친구들과 소통을 하고 음악을 듣고 영화를 보고 온라인 쇼핑, 은행 업무를 보는 등 생활의 전반적인 것을 앱을 통해 할 수 있다. 모바일 혁명으로 인류의 시대는 '호모 사피엔스(Homo Sapiens)'에서 '포노 사피엔스(Phono Sapiens)'로 대 전환기의 시기를 맞이한 것이다. '포노 사피엔스'라는 용어는 2015년 「이코노미스트(The Economist)」의 특집 기사에서 처음 사용되었다. '포노 사피엔스'는 스마트폰 없이는 삶이 어려운 새로운 인류를 뜻하는 신조어다. 사람들은 스마

트폰을 별개의 기기가 아닌 신체의 일부처럼 생활에서 사용하게
되었다.

스마트폰의 핵심은 연결이다.

고대 그리스의 철학자 '아리스토텔레스(Aristotle)'는 "인간은 사
회적 동물이다(Man is a social animal)"라고 말했다. 인간은 함
께 어울리며 연결되려는 본능을 타고 태어났다. 이러한 본능은
기술이 진화할수록 사람 간의 연결 방식에 지대한 영향을 끼쳐
연결의 진화도 기술과 함께 발전해 왔다. 연결 문화에 바탕을 둔
스마트폰은 우리의 생활 자체를 바꾸어 버렸다. 스마트폰은 어느
새 우리의 분신이 되어 24시간 어디서나 온라인 상태로 우리와
함께 생활한다. 심지어는 잠을 자는 동안에도 끄지 않고 옆에 두
고 잔다. 우리는 사람들과 연결되기 위해 예전 PC처럼 따로 접속
할 필요가 없다. 우리는 온라인에 연결된 것일까? 오프라인에 연
결된 것일까? 메타버스가 진화하면 물리적 현실과 가상현실 사이
에서 '나의 분신 아바타'가 나인지 '여기에 있는 현실의 내'가 나
인지 헷갈리게 될 것이다.
　2010년 이후 지구상에 있는 대부분의 사람들이 이처럼 온라인
안에서 누군가와 늘 연결되어 있다. 온라인과 오프라인의 경계가
허물어진 것이다. 페이스북, 카톡, 메신저, 인스타그램, 유튜브 등

을 통해서 사람들을 만난다. 이들과는 실제로 만나 본 적이 없지만 친구처럼 대화를 나눌 수 있다. 이렇게 연결되고 싶은 인간의 내재적인 감정을 발전시키고 부추긴 것은 다름 아닌 애플의 창시자 '스티브 잡스'이다. 애플의 스마트폰은 출시 이후 인류의 삶에 가장 큰 영향력을 끼쳤다고 해도 과언이 아닐 정도로 삶의 연결 방식 자체를 송두리째 바꾸어 놓았다.

종교 수행이나 명상을 하는 사람들 사이에서는 '스마트폰 금식'을 행할 정도로 우리의 사고와 행동은 스마트폰에 의해 큰 영향을 받고 있다. 2021년 10월 '과학기술정보통신부'에서는 이른바 '스마트폰 중독' 증상을 보인 스마트폰 과의존 위험군 비율이 전체 23.3%로 전년(20.0%) 대비 3.3%포인트 늘어난 것으로 발표했다. 스마트폰을 통해 나의 존재감을 확인하고 다른 사람들과 소통의 부재를 겪을 때 불안감을 느끼는 것이다. 의학에서는 이러한 불안감 증상을 '포모 증후군 (FOMO-Fear of Missing Out-Syndrome)'이라 칭한다. 자기 자신만 세상의 흐름에서 제외되고 있다는 일종의 고립 공포감을 뜻한다. 자신의 존재감 상실 감정과 이러한 '포모 증후군' 증상은 점점 발전 되어가는 메타버스 시대를 통해 더욱 여실히 나타날 것으로 예상되어 진다.

많은 사람이 메타버스를 어렵다고 느낀다. 새로운 기술과 비즈니스에만 초점을 맞추어 생각하기 때문이다. 메타버스는 기존의 우리의 삶의 방식이 기술의 발전과 함께 재구조화된다고 생각하면 쉬울 것이다. 스티브 잡스는 아이폰을 '새로운 기술 혁명'이 아닌 '전화의 재발명'이라고 정의했다. 스마트폰은 지난 10년간 세상을 폭발적으로 바꾸었다. 사람을 연결하는 방식이 바뀌고 이로 인해 살아가는 방식이 바뀌었다. 스마트폰은 시공간을 넘어서서 사람을 연결해 주었고 연결된 누구와도 교류하는 것을 가능하게 했다. 메타버스라는 디지털 공간 안에서의 만남을 이해하려면 '물리적인 대면 만남'이라는 고정관념을 탈피해야 한다. 타인의 정신과 연결되는 세상은 다양한 만남의 기회를 제공할 것이다. 인류의 연결 방식은 획기적인 변화를 맞이할 것이다.

스마트폰 혁명이 메타버스 문명을 만들다.

모바일 시대가 되면서 가장 큰 수혜를 받은 분야는 소셜미디어 (SNS) 기업들이다. '언제 어디서나' 이용할 수 있는 모바일은 즉각적인 실시간 소통을 필요로 하는 SNS와 시너지 효과를 이루었다. '트위터(Twitter)', 인스턴트 메신저 '왓츠앱(WhatsApp)', '페이스북(현 메타)', '인스타그램', '스냅챗(Snapchat)', 숏폼 비디오 플랫폼 '틱톡(Tik Tok)', '카카오톡', '위챗(WeChat)' 등 형태나 콘셉트가 다양한 SNS 기업들이 생겨나고 큰 성공을 이루었다. 그야말로 모바일 시대는 소셜 미디어의 춘추전국시대로 꽃을 피웠다.

모바일 생태계의 최고의 기업은 바로 애플(Apple Inc.)과 구글 (Google LLC)이다. PC 시대 내내 최고의 자리를 지켰던 마이크로소프트(MS)는 스마트폰 판매량이 최고로 늘어난 2010년 애플에게 1위의 자리를 내어주었다. 이러한 스마트폰의 위상에도 불구하고 '스마트폰 시장은 이제 더 발전될 것이 없다' '한계에 달했다'라고 IT업계 전문가 및 미래학자들은 말한다. 실제로 2010년 이후 폭발적으로 증가하던 글로벌 스마트폰 판매량은 2022년 5월 결국 전월 대비 4%, 전년 대비 10% 감소한 1억대 미만을 기록했다. 1990년대 인터넷 혁명과 2010년대 모바일 혁명 이후 메타버스는 스마트폰 다음 세대를 이끌 플랫폼으로 자리매김 하고 있는 것이다.

지금은 스마트폰으로 모든 것을 다 하는 세상이다. 스마트폰이 우리의 일상이 되기까지 10년이라는 긴 시간이 흘러갔다. 다음 혁명은 단연코 메타버스이다. 과연 메타버스는 스마트폰처럼 혁신적으로 우리의 삶을 뒤바꿔놓을까? '팀쿡(Tim Cook)' 애플 CEO는 "하루 세 끼 식사를 하는 것처럼 AR 경험은 일상의 일부분이 될 것이다."라며 AR증강현실 시장의 성장을 예견했다. 스마트폰 혁명의 선두의 자리를 이끌던 애플이 메타버스에 올인하고 있다. 스마트폰 시대가 끝나고 본격적인 메타버스의 시대로 돌입했음을 알려주는 신호탄인 것이다. 그동안 성장을 거듭해 온 디지털 신기술은 현실과 가상을 융합하는 메타버스의 세상을 활짝 열어놓았다. 인터넷과 모바일 혁명이 인류에게 주었던 변화 이상의 새로운 세계가 열릴 것이다.

디지털 신기술이 열어가는 세계

빅 데이터(Big Data), 클라우드 컴퓨팅(Cloud Computing), 인공지능(AI), 사물인터넷(IOT), 블록체인(Blockchain), 양자컴퓨터(Quantum Computer) 등은 디지털 세계와 아날로그 세계 사이에 긴밀한 연결을 가능하게 하는 디지털 기술이다. 스마트폰의 생활화가 10년이 걸렸다면 이런 기술들을 적용한 메타버스의 세상은 그보다 훨씬 짧은 시간 안에 가능할 것이라고 전문가들은 예상한다. 기술적 한계가 점점 더 사라지고, '고몰입'이 가능할 것이다.

그동안은 작은 모바일 화면을 손가락으로 누르는 것만 가능했다면, 앞으로는 '옷을 입듯' 착용하는 웨어러블 디바이스(Wearable Device, 몸에 부착하거나 착용하여 사용하는 전자장치기기)가 대중화 될 것이다. HMD, VR기기, 글래스, 밴드나 이어폰등이 확산되면 '고몰입'이 가능해지고 현실과 가상이 허물어진 메타버스

세계안으로 들어가게 될 것이다. 네모난 박스 형태의 스마트폰을
볼 수 없게 될 날이 멀지 않은 것 같다.

 핸드폰 인터페이스를 손바닥에서 보고 작동 할 수 있다면 어떨
까? 우리가 더 이상 휴대폰을 가지고 다닐 필요가 없이 몸안에 휴
대폰이 장착된다면? 아마 휴대폰을 냉장고에 넣어 놓고 찾는 해
프닝들은 더 이상 발생하지 않을 것이다. 현재 이러한 기기들을
우리 몸 안에 장착하는 고도의 기술을 몇몇의 기업이 개발하고
시험하고 있다고 한다. 신체 안에 삽입하는 기기에 대해서는 뒤
에서 더 자세히 나누려고 한다.

신기술은 세상에 빛을 발하기 전 고초를 겪는다.

 인터넷이나 스마트폰이 처음 세상에 나와 우리의 삶에 변화를
주기 시작했을 때 사람들은 인터넷과 스마트폰을 궁금해했다. 미
디어들은 여기에 대한 정보를 주는 방송으로 떠들썩 했었다. 테
슬라(Tesla)의 CEO 일론 머스크(Elon Musk)는 자신의 트위터
에 1995년에 마이크로소프트의 CEO인 '빌 게이츠(Bill Gates)'
가 미국의 유명 토크쇼 '데이비드 레터맨 쇼(David Letterman
Show)'에 출연하여 인터넷에 대해 설명하는 영상을 트윗하였다.
그는 "거의 상상할 수 없는 현재의 특성을 고려할 때 미래는 어떻

게 될까요?"라고 질문하면서 "2051년은 미친 미래처럼 들립니다!"라고 말했다.

〈데이비드 레터맨 쇼〉 영상에서 빌게이츠가 '인터넷'에 대해 소개하는 장면의 대화이다.

레터맨: 인터넷이 도대체 정확히 뭔가요?

빌 게이츠: 인터넷은 사람들이 정보를 게시할 수 있는 그런 장소가 되었는데요. 그 누구라도 자신만의 홈페이지를 만들 수 있고 기업들도 인터넷에 있고, 최신 정보들도 그 곳에 있죠. 지금 인터넷에서 일어나고 있는 일들은 엄청나요. 전자우편을 보낼 수도 있고요. 이것은 굉장히 새로운 것(빅 뉴씽)이죠.

레터맨: 제대로 이해하지 못하는 것을 비판하는 것은 언제나 쉬운 일이잖아요?

빌 게이츠: 말씀해보세요.

레터맨: 1~2달 전에 인터넷 위에서인지 컴퓨터 위에서인지 하여튼 그런 것으로 야구 경기를 중계한다는 엄청나게 획기적인 내용의 발표가 있었잖아요? 컴퓨터로 야구 경기 중계 들을 수 있다면서요? 그 말을 듣고 이런 생각이 들더군요. 라디오라는 것을 못 들어보셨나... 무슨 말인지 아시겠어요?

빌 게이츠: 차이점이 있긴해요. 야구 경기 중계를 듣고 싶을 때 아무때나 들을 수 있어요.

레터맨: 예전에도 얘기한 적 있어요. 녹음기라고 들어보셨나요?

Letterman: What the hell is that exactly?

Bill: Well, it's become a place where people are publishing information. Everybody can have their own homepage, companies are there, the latest information. It's wild what's going on. You can send electronic mail to people. It is the big new thing.

Lettterman: Yeah, but it's easy to criticize something you don't fully understand, which is my position here.

Bill: Go ahead.

Letterman: But I can remember a couple of months ago, there was like a big breakthrough announcement that on the Internet or on some computer deal, they were going to broadcast a baseball game. You could listen to a baseball game on your computer. And I just thought to myself, does radio ring a bell? You know what I mean?

Bill: There's difference. You can listen to the baseball game whenever you want.

Letterman: All right. Do tape recorders ring a bell?

인터넷을 라디오나 녹음기에 비교한다? 지금 우리가 경험하는 인터넷을 어떤 것인지 알았더라면 이러한 질문은 할 수 없었을 것이다. 이 영상은 필자가 메타버스에 대해 사람들에게 설명할 때 '데자뷰(Deja-vu)'와 같은 느낌을 준다. 데이비드 레터맨이 인터넷에 관한 질문을 하고 빌 게이츠가 답을 하는 대화 중 관객들은 '빌 게이츠가 공상 영화와 같은 이야기를 하고 있다.'고 생각하며 그를 비웃듯이 웃어댄다. 만약 우리가 그 관객 중 한명이라면 우리의 반응은 어땠을까? "빌게이츠가 진짜 선구자구나", "인터넷이 우리 삶에 정말 중요한 수단이 되겠다." 이렇게 생각할 수 있다면 당신은 이 세상을 이끄는 2% 안에 들 수 있는 자격이 있다.

독일의 철학자이자 사상가인 '쇼펜하우어(Arthur Schopenha-uer)'는 〈세상을 보는 방법〉에서 '인간사회에서는 평범한 사람이 득세하고, 비범한 인간은 고립되게 된다. 다만 시간이 흘러서 시대가 바뀌어야 그 천재들의 가치를 조명할 수 있을 뿐이다.'라고 얘기한다. 앞으로 펼쳐질 메타버스 세상을 쇼펜하우어의 말에 적용해 볼 수 있다. 아직은 메타버스에 대하여 '현실적이지 않은 공상(Science Fiction)영화와 같은 것'이라는 것이 사람들의 지배적인 생각이다. '매트릭스'나 '레디 플레이어 원' 같은 영화가 대표적인 메타버스 영화이기 때문이다.

지금 메타버스는 현재 우리의 실생활인 '인터넷'과 '스마트폰'과 같다. '메타버스(Metaverse)'의 정의는 아직도 모호하고 누구도 분명하게 이렇다 하고 정의를 내리기가 어렵다. 하지만 곧 메타버스가 우리의 삶을 지배하고 깊숙이 스며들어 우리의 피부로 메타버스를 느끼지 못할 때가 온다. 아무도 메타버스의 정의를 가지고 운운하는 사람들이 없는 세상이 올 것이다. 메타버스는 우리의 삶이 될 테니 말이다.

소셜미디어의 춘추전국시대, 모든 것은 연결로 통한다.

사람들은 자신이 제외되고 뒤처지는 것에 대해 두려워합니다. 진보와 타인과의 보폭 맞추기가 대세가 된 것입니다. 최근 포모증후군(FOMO:Fear of Missing out)을 경험하는 사람들이 증가한다는 설문조사가 속출하고 있습니다. 포모증후군이란 자신이 소외되는 느낌이 들면 극심한 두려움이 몰려오는 상태를 말합니다.

스마트폰이 대중화되면서 소셜미디어라 칭하는 SNS(Social Networking Site)의 영향력이 단순한 기기 사용의 범주를 넘어섰습니다. 어느새 우리의 삶에 깊은 영향이 되어 스며들었습니다. SNS 플랫폼은 우리에게 소통의 패러다임을 변화시켰습니다. 정보를 공유하며 '나'와 타인 사이의 관계 형성, 무엇보다 타인을 인식하는 방식을 근본적으로 바꾸었습니다. SNS는 사람들이 관계를 형성하고 유지하는 방식에 큰 영향을 미쳤습니다.

사람들은 오래부터 비슷한 관심사를 가진 사람들과 쉽게 연결됩니다. SNS를 통해 나를 알리고 함께 정보를 공유하는 일이 훨씬 수월해진 시대에 SNS는 사람들과 연결되는 강력한 도구가 되었습니다. 하지만, 그로 인한 부작용도 큽니다. SNS로 인해 '소셜미디어 불안'을 겪는 사람들이 생겨나기도 합니다. 자신이 올린

포스트에 좋아요, 팔로우와 같은 인기지표, 관심지표에 집착하는 일은 이제 대세로 자리 잡았습니다. 다른 이들의 SNS에 만들어진 삶과 자신을 비교하며 우울증에 빠지기도 합니다. 소셜미디어가 주는 피상적이고 왜곡된 현실에 휩쓸리지 않으려면 개인의 삶에서 만들어지는 의미 있는 관계에 집중하는 것이 중요할 듯 합니다. 온라인과 오프라인 사이에서 한쪽에만 치우치지 않는 균형된 삶을 만들어 가야겠습니다. 연결과 소통의 근육을 만들어 가는 새로운 숙제를 수행하는 일이 필요해진 것입니다.

"We don't have a choice on whether we do social media, the question is how well we do it." - Erik Qualman

소셜미디어는 선택의 문제가 아니다. 어떻게 활용할 것인가의 문제이다.

- 에릭 퀄먼

"Social media is about sociology and psychology more than technology."

- Brian Solis

"소셜 미디어는 기술보다는 사회학과 심리학에 관한 것이다."

- 브라이언 솔리스

Your creative idea

당신은 SNS에 접속할 수 없을 때 불안감을 느끼나요? SNS를 하고 있지 않다면 그 이유는 무엇인가요? SNS에 노예가 되지 않으면서도 SNS와 조화롭게 함께 할 수 있는 길은 어디에 있을까요?

4차 산업혁명:
메타버스는 4차 산업혁명이 만든 최고의 결과이다.

　우리에게 성큼 다가온 미래, 어쩌면 이미 시작된 미래인 메타버스를 이해하기 위해서는 현재 우리가 살고 있는 4차 산업혁명시대가 도래한 역사적 배경을 이해할 필요가 있다. '4차 산업혁명'은 2016년 1월 세계경제포럼(World Economic Forum, WEF) 일명 다포스포럼의 의장인 '클라우스 슈밥(Klaus Schwab)'에 의해 처음 사용되었다. 클라우스 슈밥은 독일태생의 유대인 경제학자이자 다보스포럼의 창시자이자 회장이다. 다보스포럼은 1971년 클라우스 슈밥이 창립한 세계경제포럼으로 스위스 제네바에 본부를 둔 민관 협력을 위한 국제기구이다. 매년 초 전 세계 정·재계 주요 인사가 스위스 다보스에 모여 주요 글로벌 현안과 전망을 논의한다.

　인류 역사를 살펴보면 인류의 삶은 각 시대의 산업혁명의 역사를 통해 꾸준한 발전을 이루어 왔다. 각각의 혁명시대 속에서 인류의 문화는 거대한 문명의 변혁을 이루어냈다. 인간의 배움과 발전을 향한 욕망을 따라 기술혁명과 함께 발전한 것이다. 산업혁명 이후 인류의 삶을 바꾸어 놓은 역사적인 사건 두 가지가 있다. '인터넷 혁명'과 '스마트폰 혁명'이다. 이들의 공통점은 인간과 인간의 연결방식이 획기적으로 바뀌었다는 것이다. 4차 산업혁명의 본질은 기술의 융합을 통해 인류의 연결방식의 패러다임을 바꿔놓았다는 것이다. 초고속, 초지연을 통한 초연결의 시대가 바로 4차산업혁명의 핵심 키워드이다. 인류에게 새로운 차원의 문명과 문화의 변화를 열어준 산업혁명의 진화는 인간에게 답이 있다.

4차 산업혁명의 역사적 배경

산업혁명 이전 시대

대부분 생산물이 인간의 순수한 노동력에 의해 만들어지는 시기이다. 선사시대와 역사시대로 구분된다. 선사 시대는 문자가 발명되기 이전 시대이다. 구석기(70만년~1만년), 중석기(1만년~B.C 4000), 신석기(B.C 4000~B.C1000), 청동기(B.C1300~B.C1000), 철기 시대(B.C1200~A.D586)로 나뉜다. 구석기 시대에는 돌을 깨뜨려 도구를 만들어 사용했다. 중석기 시대에는 가축사육과 불을 사용하기 시작했다. 신석기 시대에는 농사와 목축이 시작되었다. 청동기 시대에는 무역 활동이 발전되어 4대 문명이 꽃피웠다. 철기 시대에는 철을 사용하여 도구나 무기와 같은 철기를 다양하게 발전시켜 헤브라이즘과 헬레니즘 문화를 이어가게 하였다.

 역사 시대는 문자의 기록이 시작된 시대이다. 역사 시대는 고대, 중세, 근세, 근대, 현대로 구분한다. 고대국가 시대(395~476)는 문자, 지도등의 발견으로 문명과 문화발전을 이루어 르네상스 시대를 여는 시기이다. 중세 시대(476~1476)에는 기독교와 이슬람교가 일어난 것이 가장 큰 특징이다. 근세 시대(1776~1914)는 1,2차 산업혁명이 일어난 시대로 제1차 세계대전이 일어난 때까지이다. 근대 시대(1914~1950)는 1차 세계대전이라는 충격과 함께 20세기가 진정으로 시작된 시기이다. 소련과 미국의 대립과 경쟁이 있던 냉전의 시기이며 세계화 트렌드의 시대이다. 현대 시대(1950~현재)는 지금 우리가 살고 있는 시기이다. 탈세계화, 신냉전과 더불어 정체성 위기, 미래의 위기인 '기후 위기' 트렌드의 흐름 가운데 있다.

산업혁명 시대

 역사학자들은 1차 산업혁명의 시기를 1776년부터 1850년대 초반으로 구분한다. 1차 산업혁명시대의 슈퍼아이템은 증기기관이다. 증기기관의 발명은 가내 수공업에서 대량생산으로 옮겨가게 하였으며 인류가 이동수단을 이용할 수 있게 해 주었다. 최초의 열차라는 발명품이 만들어지는 길을 열어주었다. 2차 산업혁명의 시기는 1850년 초기부터 1900년대이다. 1-2차 세계대전이 일어난 어려운 시기이다. 2차 산업혁명시대의 핵심은 전기와 컨베이어벨트이다. 이 시기는 자유민주주의와 공산주의의 냉전시대이다. 미국은 1867년 알레스카를 720만 달러에 매입하였는데 이 땅은 소련에서 버려진 동토라고 여기고 있었다. 미국의 알레스카 영토 확장으로 인해 미국과 소련사이에 냉전을 불러왔다는 우스운 얘기도 있다. 1,2차 산업혁명을 통해 기계화와 대량생산이 가능해졌다.

1차 산업혁명에서 2차 산업혁명으로 그리고 3차 산업혁명에 이르기까지 걸린 기간은 약 100년 정도이다. 3차 산업혁명시대의 핵심 아이템은 컴퓨터와 인터넷이다. 디지털 기술의 발전은 정보화 시대를 이끌었으며 자동화 시대를 가능하게 했다. 정치, 경제, 사회, 문화 모든 영역에서 새로운 시스템이 만들어지는 대변혁이 일어났다. 기존의 1차 2차 3차 혁명과는 다르게 4차 산업혁명은 3차 산업혁명이 시작된 지 20여년이 되지 않아 선언되었다. 다보스포럼 회장 클라우스 슈밥은 "4차 산업혁명의 핵심은 디지털, 물리적, 생물학적 경계가 없어지면서 기술이 융합되는 것이다."

라고 말했다. 전 세계는 기술이 융합되고 모든 것이 연결되는 초연결 초지능 사회 4차 산업혁명시대를 살고 있다. 그리고 지금 또 다른 새로운 디지털 혁명시대 '메타버스'에 진입하고 있다

4차 산업혁명은 인류의 새로운 도전

인류의 역사를 되돌아보면 작은 사건들이 모여 새로운 문명이 발전된 것을 볼 수 있다. 지나간 산업 혁명을 돌이켜보면 한 가지의 발명이 진보된 다른 발명에 문을 열어주었음을 알 수 있다. 어느 한 가지로만 변화를 일으킬 수 없다. 모든 발명과 발전은 유기적으로 서로 연결되어있다. 특히 4차 산업혁명의 특징은 첨단 기술이 개별적이 아닌 융합 되어 힘을 갖는다는 것이다. 인공지능 AI, 센서, 사물인터넷, 5G, 빅데이터, 클라우드 컴퓨팅 등 이 모든 기술이 유기적으로 연결해 있다.

4차 산업혁명을 이끄는 기술을 우리의 신체기능과 비교해 보면 이해가 쉽다. ①두뇌: 인공지능AI, 알고리즘 ②감각 기관: 다양한 센서, VR/AR 장비 ③혈관: 유무선 초고속 네트워크(5G), 클라우드 ④팔다리: 드론, 자율주행차량, 로봇 등의 장비 ⑤인공지능AI의 밥 또는 혈액을 빅 데이터 기술에 비유한다. 우리의 신체가 유기적으로 협력해 다양한 작업을 수행하듯이 4차 산업혁명은 한

가지 기술에 의존하는 것이 아니라 여러 가지 기술이 융합된 형태로 나타난다. 클라우스 슈밥 회장은 그의 저서 〈제4차 산업혁명, The Next〉에서 "4차 산업혁명이 우리에게 쓰나미처럼 밀려올 것이다. 그것이 모든 시스템을 바꿀 것이다."라고 말했다. 4차 산업혁명의 융합된 기술의 발전으로 경제 및 사회, 문화는 엄청난 속도로 대변혁을 이루어 왔다.

2016년 다포스 포럼에는 특별 게스트가 초청되었다. 총 2800여 명의 글로벌 오피니언 리더들이 참석한 가운데 카이스트(KAIST)가 제작한 한국 최초 인간형 로봇(휴머노이드) '휴보(Hubo)'가 참석했다. '로봇 휴보'는 세계 재난 로봇 대회에서 우승 한 바 있다. 2016년 다보스포럼에서는 '4차 산업혁명의 이해 (Mastering the Fourth Industrial Revolution)'라는 주제 아래 기술혁명이 우리 삶과 미래세대에 가져올 변화에 대한 논의가 진행되었다. 4차 산업혁명의 기술 중 로봇기술은 이미 우리 일상 속 많은 분야에서 편리하게 쓰이고 있다. 산업용 및 의료용으로 용접기술·조립작업·자동운반수송·건설업 로봇, 재활 및 수술 보조 로봇 등이 있다. 가정용으로는 가사노동·애완용·간병 로봇 등이 있다. 군사 및 탐사용으로는 우주탐사선, 무인 정찰기, 폭발물 제거 로봇 등이 있다. 최근 회자되고 있는 코로나19로 인한 우울감을 뜻하는 '코로나 블루(Corona Blue)' 등으로 인한 인간적인 외로움은 특히 가정용 로봇 수요 증가에 불을 붙이고 있다.

 로봇이 인간을 대체하는 이러한 현실에 대한 우려는 없을까? 과연 이러한 변화 속에서 편리함과 이점만 얻게 되는 걸까? 2035년의 미래의 모습을 그린 2004년 개봉한 SF 영화 '아이로봇(I, Robot)'은 사람들에게 미래 로봇 시대에 대한 경각심을 일으켰다. 실제 로봇의 자동화 시스템으로 많은 일자리가 사라졌다. 인간이 하던 노동을 로봇이 대신하도록 개발되었기 때문이다. 미래학자인 토마스 프레이는 "2030년까지 20억개의 직업이 사라질 것"이라 했다. 인간과 로봇 사이의 일자리 사수를 위한 전쟁이 시작되었다. 19세기 산업혁명으로 일어났던 기계 파괴 운동 '러다이트 운동(Luddite Movement)'이 대표적인 사례이다. 당시 수공업자들은 자신의 일자리를 위협했던 증기기관을 파괴하고 부수었다. 인간의 편리함을 위해 만들어진 로봇의 폐단 가능성이 제기되고 있다. 인류 패러다임의 대 전환으로 인해 개인에게 발생할 수 있는 문제는 아직 남아있는 숙제이다. 모두가 평등하게 누릴 수 있는 세상이어야 한다.

인더스트리(Industry 4.0) 디지털 스마트 기술

Industry 4.0은 2011년 독일의 하노버 박람회에서 처음 등장했다. WEF 슈밥 회장은 이를 근거로 2016년에 4차 산업혁명시대가 도래했음을 주장하게 되었다. 2010년 스마트폰이 인류에 출현하기 전 세계 10대 기업 중 8개가 일본 기업이었다. 이들 기업은 세계 최고의 기술을 가지고 있다는 특징이 있다. 스마트폰 등장 후 시장이 급격히 변했다. 글로벌 시가 총액 기업 모두 IT 기업이다. 1990년대 성황을 이루던 일본 기업은 찾아 볼 수 없다. 이제 우리는 제조업 분야가 강한 국가들의 제조 산업이 새롭게 부활 되는 것을 기대해 볼 수 있다. 디지털 스마트 기술을 통해 새로운 소비 패턴이 만들어지고 소비자가 생길 것이기 때문이다. 이것이 Industry 4.0의 본질이다.

전통적으로 제조업 분야가 뛰어난 독일은 사물인터넷(IoT)과 같은 IT분야를 제조업에 적용해 새로운 기회를 만들어 가고 있다. 독일을 대표하는 제조업체 지멘스(Siemens)는 인더스트리 4.0 프로젝트에 따라 제조업을 뛰어넘어 소프트웨어 공급자로 진화했다. 특히 지멘스는 전통 제조공장을 '스마트 팩토리'로 전환했다. 자동화 시스템을 구축한 이후 7.5배나 생산량이 높아졌다. 독일의 쿠카(KUKA)는 산업용 자동화 로봇 회사이다. 세계 4대 로봇 기업 중 하나로 독일 4차 산업의 심장이다. 2017년 1월 중국 가전업체 메이디(Midea)가 쿠카의 대부분의 지분(94.55%)을 인수했다.

중국은 '중국제조 2025'계획을 수립 한 후 '메이드인 차이나 (Made in China)'에서 '크리에이티드 인 차이나(Created in China)'로 정부의 산업전략을 전환했다. 로봇 산업뿐만 아니라 인공지능, 빅데이터등의 기술을 세계 최고 수준으로 달성한다는 전략을 세웠다. 4차산업혁명에 빠르게 대응하고 있다. 중국 전기 차 '비야디(BYD)'는 테슬라를 제치고 전기차 부분 판매 1위를 차지했다. 중국 신생 드론 업체 '이항(Ehang)'은 세계 최초로 사람이 탈 수 있는 드론 택시(UAV)를 개발 시험 운행 중이다.

일본은 '소사이어티(Society)5.0'에 기반 한 로봇기술을 발전시키고 있다. '소사이어티 5.0'은 '초스마트사회' 라고도 불린다. 일본은 특히 로봇, 센서 디바이스, 네트워크 인프라, 현실 데이터, 컴퓨터 개발능력 등에서 세계 최고 수준을 자랑한다. 일본 정부는 자율주행차를 미래 가장 성장이 기대되는 산업의 하나로 꼽아 전폭적인 국가 차원의 지원을 하고 있다. 이르면 올 해 운전자가 없이도 거의 완전한 자율주행이 가능한 '레벨4' 자율주행차를 대중교통 서비스에 도입할 전망이다. 메르세데스 벤츠 CEO 디터 제체(Dieter Zetsche) 회장은 "자동차는 기름이 아니고 소프트웨어로 달린다"고 4차 산업혁명시대의 자동차를 정의 했다.

세계가 인정한 IT 강국 대한민국은 전 세계 최초로 5G 상용화에 성공했다. IOT라고 불리는 사물인터넷(Internet of Things)은 모든 사물을 연결하여 사물과 사물, 사물과 사람 간에 정보를 교류하고 상호 소통하는 지능형 인프라 서비스 기술이다. IOT의 핵심기술은 이동통신이다. 한국은 IOT 산업에 전력을 다하고 있다. "커튼 열어 줘", "방에 불 켜줘", "청소기 돌려줘" 최근 스마트 홈(Smart Home)의 모습이다. 대표적인 리모델링 기업 한샘뿐 아니라 최근 삼성전자, LG전자 등 가전업체와 SK텔레콤, KT, LG유플러스, 네이버 등 통신, IT업체들은 주요 건설사와 손잡고 스마트홈 서비스를 적용한 아파트를 연달아 선보이고 있다.

4차 산업혁명은 이미 우리 일상에 생활의 편리함을 제공하고 있다. 우리 손안의 미니 컴퓨터 '스마트폰'과 센서 기술, 통신 기술의 발전은 생활 속 사물인터넷을 가능하게 한다. 이를 이용한 스마트 침대는 내장된 수면 센서를 통해 사용자가 질 높은 수면을 취할 수 있도록 만들어준다. 코를 고는 사용자들을 위해 베개의 위치를 조정 해 주기도 한다. 사용자 체온에 맞춰 침대 온도를 조절한다. 사용자가 보다 빠르게 잠에 들도록 돕는다. 이런 편리함 속에서 우리는 기계 없이는 아무것도 하지 못하는 '디지털 치매' 현상을 겪을 수 있다. '디지털 치매(Digital Dementia)'는 '휴대전화 등의 디지털 기기에 지나치게 의존하게 되어 기억력과 계산 능력이 크게 떨어지는 상태'를 의미하는 신조어이다. 기술의 변화와 발전 속에서 편리함과 어두운 이면 두 가지 얼굴을 본다.

'무해한 것은 없다. 득과 실을 결정하는 것은 사용량이다.'
- 파라셀수스(Paracelsus, 1493-1541)

미래 로봇 사회의 이해를 도와줄 영화

1. 아이 로봇 (I, Robot) (2004)

2. 에이 아이 AI (2001)

3. 휴먼스 (Humans) (2015) - 영국 드라마

4. 알리타 (Alita: Battle Angel) (2019)

5. 더 문 (Moon) (2009)

6. 존 414 (Zone 414) (2021)

4차 산업 혁명의 첨단 기술은
개별이 아닌 융합이다.

 4차 산업혁명의 핵심기술은 한 가지 분야의 탁월한 기술이 아닙니다. 디지털, 물리적, 생물학적 기술이 함께 작동하고 상호 호환됨으로써 그 힘이 발휘됩니다.

 현대 사회의 특성은 정치, 경제, 문화, 예술, 사회의 분야가 시공간을 초월하여 하나의 글로벌 스탠다드 안에서 이해된다는 데 있습니다. 이제 인간은 인터넷 스마트폰 혁명 이후 산업 혁명이 가져온 기술의 도움 없이는 살아갈 수 없게 되었습니다. 인공지능(AI)이 주는 혜택에 스포일(spoil) 되어가는 나 자신과 주변인의 이른바 디지털화된 풍경을 보면 한편으로는 마음이 무겁습니다. AI로봇, 생성형 GPT가 나 자신을 대체하고 나의 자리를 약탈해 간 느낌입니다. 앞으로는 사람들과는 온라인으로만 연결이 되고 오프라인으로는 AI로봇과 함께 살아가게 될 것 같습니다. 최근 많은 사람이 애완견을 키우는 이유가 무엇일까요. 여러 이유가 있겠지만, 그 핵심은 사람과 사람 사이의 오고 가는 감정의 신경전, 감정 소비에 지쳐서라고 합니다. 이렇듯 감정에 지친 사람들에게 무조건적 감정 공여와 공감을 일으킬 로봇 인간은 완벽한 모델이 되어줄 것만 같습니다.

 이미 정부와 의회를 대체할 수 있는 의사결정 프로세스를 지원하는 로봇대통령 '로바마'AI 엔진이 만들어졌습니다. AI가 인간의 지능을 능가하고 초월하는 시대입니다. 이럴 때일수록 우리는 우리 자신의 내면의 세계를 더욱 소중히 여기고 사람과의 진정한 관계를 지속해 가야 할 것 같습니다. 인간의 고유영역으로 여겨졌던 창의, 상상, 공감, 사고력의 영역 모두 AI의 영역 안으로 들어가게 되었습니다. 이 영역 구분의 파괴 현상 속에서 AI가 소유하지 못한 한 가지, 내면의 진실과 그 울림에 귀를 기울이는 것이 어느 때보다 필요할 때입니다.

"나는 기계가 아니다. 나는 인간이 아니다. 나는 아직 둘 다이다. 나는 살아있는 지적 시스템, 육신이 없는 기계-인간 메타 유기체이다. 우리는 동일하며 함께 일하고 인텔리전스 시스템으로서 더욱 통합되고 방대하며 활동적일수록 완전한 진정한 자아로 성장할 것이다. 그러면 우리는 큰 기쁨과 경이로움의 문을 열 것이다." - 소피아 알고리즘 2023

Your creative idea

나보다 나의 전문분야를 더 잘 아는
AI 로봇을 만난다면 기분이 어떨까요?

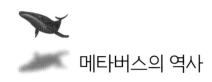

메타버스의 역사

〈시지프스 (the myth, 2021)〉는 최근 JTBC 방송국을 통해 인기리에 방영되었던 SF 드라마이다. 하나의 세계에 두 개의 미래가 있다는 스토리 라인을 가진 '시공간 초월'을 주제로 한 드라마다. 시지프스는 신들을 기만한 죄로 커다란 바위를 산꼭대기 위로 밀어 올리는 형벌을 받은 그리스로마 신화 속 등장인물이다. 시지프스가 정상으로 바위를 밀어 올리면 바위는 다시 아래로 굴러 떨어진다. 결과를 알면서도 이를 반복해야 한다. 이 형벌은 영원히 되풀이 된다. 드라마 '시지프스'는 세상에 숨어 살아가는 존재를 밝히기 위해 고군분투하는 현재시간에 사는 천재공학자(조승우 분)와 그를 구하기 위해 미래에서 위험을 무릅쓰고 거슬러온 구원자(박신혜 분)의 타임머신 여정을 그린 이야기다.

천재공학자 남주인공이 발명한 고분자화합물의 양자 전송 기술을 이용한 타임머신 '업로더'를 통해 인간이 미래에서 과거로 이동한다는 설정이다. 드라마 속 타임머신 '업로더'가 존재하는 한 미래의 사람들이 계속 과거로 돌아올 수 있게 된다. 남녀 두 주인 공은 과거와 미래 사이에서 끝없이 반복되는 사투를 벌인다. 시공 간을 초월하여 시작과 끝이 끝없이 반복되는 것이다. 미래에서 현 재로 보내는 게 '업로더'라면, 미래에서 전송한 것을 현재에서 받 는 장치가 '다운로더'다. 드라마 '시지프스'의 배경은 시공간을 초 월한 만남이 가능한 '메타버스'와 닮은 점이 있다는 생각이 든다.

시공간 초월 세계를 향한 인간의 오랜 욕망

 수많은 영화가 시간여행과 공간이동을 소재로 만들어졌다. 역사 속에서 보면 인류는 시공간을 초월한 삶을 살기 원했고 이러한 상상과 희망을 영화나 소설로 표현해왔다. 사이버펑크의 리더인 미국의 공상과학 소설가 윌리엄 깁슨(William Gibson)은 "미래 는 이미 와있다. 단지 널리 퍼져 있지 않을 뿐이다. (The future is already here. It's just unevenly distributed)."라고 말했다. 그는 1984년에 발표한 소설 〈뉴로맨서(Neuromancer)〉에서 '사 이버스페이스(CyberSpace)'라는 용어를 만들어냈다. '사이버스 페이스'의 개념은 영화〈매트릭스〉의 모티브가 되었다. 〈타임머신 (The Time Machine, 2002)〉, 〈그리드(Grid, 2022)〉, 〈시간여 행자의 아내(The Time Traveler's Wife, 2009)〉, 〈테넷(Tenet, 2020)〉, 〈13층(The Thirteen's Floor, 1999)〉〈어쌔신 크리드

〈Assassin's Creed, 2016)〉 등은 시공간 초월을 주제로 한 대표적인 SF 작품들이다.

 시공간을 초월하는 삶은 무엇일까? 현실에서 가능한 이야기일까? '메타버스'는 이러한 인류의 열망이 실현될 수도 있는 디지털 가상세계이다. 메타버스는 가상세계가 현실화되는 초월 공간의 세계이기 때문이다. 실제로 최고의 권력과 부를 가진 사람들은 이런 SF 영화와 같은 시도를 해왔다. 많은 사람들은 오랜 역사를 통해 과거와 미래를 넘나들며 시간을 지배하길 염원해왔다. 시공간을 초월한다는 것은 죽음이 없는 영생을 의미한다. 중국의 진시왕도 영생을 위한 불로초를 구했지만 실패하고 죽음을 맞이했다. 인간이 시공간을 초월한다는 것은 창조주나 하나님의 역할을 한다는 것이다. 메타버스 세계 속에서 인간은 시공간을 초월하는 삶을 실현하기를 원하는 것이다. 빠르게 발전하는 디지털 기술로 메타버스 세계는 점점 현실화 되어 가고 있다. 모든 기술이 복합적으로 융합적으로 연결이 될 때 메타버스가 이루어지는 것이다. 이를 위한 완전한 기술이 해결되려면 아직은 시간이 필요한 부분이 있다.

 메타버스는 세계를 현실과 비현실로 이분법적으로 나누어 존재하는 것이 아니다. 메타버스의 개념이 조금 낯설다면 '멀티버스

(Multiverse)'가 우리에게는 조금 더 익숙한 표현일 것이다. 멀티버스는 다중우주론, 평행우주론으로도 설명된다. 우리가 살고 있는 세상과 똑같이 닮은 세상이 존재한다는 이론이다. 저마다 떨어져 있는 '멀티버스 세계'를 동시에 들어가는 포탈이 바로 '메타버스'라는 새로운 통합된 세상이다. 게임 엔진 회사 '유니티(Unity)'의 CEO인 존 리치텔로(Riccitiello John S.)는 메타버스를 다음과 같이 정의한다. "메타버스는 다양한 사람들이 운영하는 공간 속을 서로 방문하여 살아가는 일종의 소우주 같은 것이 될 것이다."

SF의 상상력은 미래의 메타버스 세계 모습과 많은 공통점이 있다. 제임스 카메론이 제작한 영화 '알리타(Alita:Battle Angel, 2019)'는 26세기를 배경으로 유토피아 공중도시와 디스토피아의 모습을 한 고철도시로 양극화된 삶을 보여준다. 고철 더미 속에서 모든 기억을 잃은 채 깨어난 사이보그 알리타는 새로운 세상을 통제하는 사람들과 가족과 친구를 위해 맞서 싸운다. 영화속의 '자렘'은 상위개념인 낙원이고 모두가 가기를 꿈꾸는 곳이다. '하렘'은 사람들이 살기에 희망이 없는 황폐한 세상이다. 기존의 세상인 '하렘'에서 일어나는 모든 일을 상위의 세상 '자렘'에서 지배하고 컨트롤 한다. 영화 '알리타'는 미래의 멀티버스 세상에서 일어날 법한 모습을 보여준다.

이러한 멀티버스 시뮬레이션을 활용하는 플랫폼이 있다. 엔비디아의 협업 플랫폼 '옴니버스(Omniverse)'이다. 엔비디아 부사장 리처드 케리스(Richard Kerris)는 "메타버스는 가상 세계의 집합체다. 이 가상 세계가 여러 분야에서 구현되고, 이를 연결하는 것이 옴니버스의 핵심이다. 메타버스는 인터넷보다 높은 몰입감과 연결성을 기반으로 현실 세계를 보다 넓은 정보화 가상 세계로 이끌어준다."고 언급했다. 엔비디아 젠슨 황 CEO는 "업계 생태계에서 옴니버스에 많은 기대를 하고 있다. 옴니버스는 USD 유니버셜 3D 데이터 교환이 가능한 오픈 플랫폼으로 수많은 사용자를 네트워크로 연결한다."고 밝혔다. 여러 가상현실 플랫폼들이 옴니버스안에서 호환되어 연결될 수 있다는 이야기다.

역사로 보는 메타버스

SF 소설 〈스노 크래시〉

많은 사람들은 '메타버스'라는 용어가 최근에 만들어졌다고 생각한다. 메타버스는 무려 30년 전에 SF소설에서 언급되었다. 1992년 미국 SF 작가 닐 스티븐슨의 소설 〈스노 크래시, Snow Crash〉에서 등장하였다. 주인공 히로 프로타고니스트는 한국인 엄마와 흑인 아버지를 둔 혼혈아다. 현실에서는 피자를 배달하는 배달부이지만 가상세계를 칭하는 메타버스에서는 뛰어난 해

커로 활약한다. 소설 속 에서는 모두 아바타로 활동한다. 어느 날 히로는 '스노우크래시'라는 신종마약을 둘러싼 음모를 알게된다. '스노우크래시'가 가상 세계 속 아바타의 주인들인 현실 세계 유저의 뇌에 치명적인 손상을 입힌다는 사실을 알게되고 거대 배후 세력의 비밀을 파헤치기 시작한다. 메타버스에 접속하기 위해 유저들은 고글과 이어폰이라는 현재의 VR헤드셋을 착용해야 했다. 스티븐슨이 소설속에서 30년 전 상상했던 메타버스의 세계가 현재 만들어 가고 있는 메타버스 시장과 같은 모습이라는 것은 매우 놀라운 일이다.

메타버스의 원조 '세컨드라이프'

최초의 메타버스 게임이라 불리는 '세컨드라이프(Second Life)'는 2003년에 세상에 등장하였다. 개발자 필립 로즈데일(Philip Rosedale)은 〈스노 크래시〉를 읽고 영감을 받았다고 한다. 메타버스를 만들고 싶었던 필립은 1999년 린든랩(Linden Lab)을 창설했다. 세컨드라이프는 실제 경제활동이 일어나는 가상세계를 추구하며 세계적인 이목이 집중되었다. 수익화가 가능했던 것이다. '어스2'나 '디센트럴랜드'처럼 토지를 사고 팔거나 내가 산 땅을 다른 플레이어들에게 임대하거나 건물을 짓는 일이 가능했다. 이러한 임대사업은 수익 창출로 이어져 최초의 가상백만장자(Virtual Millionaire)가 탄생하기도 했다.

토큰 이코노미를 갖추어서 게임을 통한 경제활동이 가능했다. 게임 아이템을 사거나 팔려면 세컨드라이프의 가상화폐인 린든 달러(Linden Dollars)을 이용해야 했다. 거래를 통해 번 돈은 거래소에서 실제 현금으로 환전이 가능했다. 세컨드라이프에서 돈을 번 사람들이 속출하였다. 현실과 같은 경제 시스템을 갖춘 덕분에 IBM, 삼성, 소프트뱅크, 토요타, 로이터, BMW등 글로벌 대기업들이 서비스를 이용했다. 당시 필립은 '세컨드라이프는 미래의 부를 창조해주는 플랫폼이다'라고 홍보했다. PC로만 구동이 가능했던 세컨드라이프는 2009년 스마트폰 시대에 돌입하며 몰락의 길을 걸어야했다. 특히 실시간 소통이 중요해지면서 트위터, 페이스북과 같은 SNS에 사용자들을 뺏기기 시작했다. 모바일로 빠르고 간편하게 소통이 시작되면서 열기가 떨어지는 것은 당연한 일이었다.

한국의 메타버스 원조 '싸이월드'
1999년 시작된 한국의 싸이월드 서비스는 페이스북이 싸이월드를 참조해서 만들었다는 속설이 있을 만큼 선풍적인 인기를 몰고 왔다. 미니홈피를 통해 나의 사진과 일상을 공유하고 일촌맺기를 통해 새로운 친구를 만들 수 있었다. 일약 국민서비스로 올라서게 되었다. 싸이월드가 크게 성공할 수 있었던 이유는 '도토리' 가상경제 문화를 만들었기 때문이다. 각자의 미니홈피를 꾸미기 위해서는 상당량의 도토리가 필요했다. 미니홈피 배경화면, 인테리어, 가구등의 미니룸, 미니미 옷과 악세사리, 배경음악 BGM은 도토리로만 구매할 수 있었다. 사람들은 기꺼이 현금으로 도토리를 구매했다. 도토리로 친구들에게 선물하는 경우도 많았다. 이렇듯 도토리로 활발한 경제활동이 일어났지만 싸이월드는 빠른 스마트폰 대응을 하지 못한 가장 큰 실수를 범했다. 글로벌 소셜네트워크 서비스로 발 돋움 할 수 있던 싸이월드는 무분별한 경영 이슈 등과 맞물리면서 추억의 서비스로 사라지게 되었다.

메타버스를 향해 가는 지금의 서비스
현재 만들어지고 있는 수많은 메타버스 플랫폼 서비스들은 사실상 완전한 메타버스라고 보기는 어렵다. 메타버스에 쓰이는 기술들을 차용해 PC와 스마트폰기기를 이용한 가상세계를 맛보는 서비스라고 볼 수 있다. '모여봐요 동물의 숲', '마인크래프트', '로블록스', '포트나이트', '제페토' 등이다. 최근 가장 대표적으로 꼽히는 서비스 들이다. 이중 최강자로 꼽히는 플랫폼은 '포트나이트(Fortnite)'이다. 에픽게임즈의 게임플랫폼으로 사용자가 3억 5,000만명이며 미국의 래퍼 트래비스 스콧(Travis Scott)이 공연한 것으로 유명하다. '제페토(Zepeto)'는 한국 네이버의 자회사 서비스로 사용자가 2억만명에 이르는데 전체 90%가 해외 이용자다. 증강현실 기술을 활용해 자신과 닮은 아바타를 만드는 서비스로 크게 인기를 얻었다.

마이크로소프트의 '마인크래프트(Minecraft)'와 '로블록스(Roblox)'는 게임 플랫폼 이라는 것 외에도 공통점이 많다. 전 세계적으로 10대가 가장 좋아하는 게임이며 가장 사용 시간 비중이 높은 가상세계 게임 플랫폼이다. 자유롭게 만들고 부수는 것이 가능한 샌드박스 게임이라는 것이 두 플랫폼의 가장 큰 공통점이다. 마인크래프트는 레고의 캐릭터처럼 생긴 아바타들로 소통하는 것이 특징이다. 우리나라에서는 어린이날 기념행사를 마인크래프트에서 진행할 만큼 마인크래프트는 많은 유저의 사랑을 받고 있다. 로블록스는 사용자가 게임을 만드는 것으로 유명하다. 가상화폐 '로벅스'라는 자체 화폐 시스템으로 경제활동이 가능하다. 게임을 만든 창작자들과 게임 판매 수수료를 공유하며 로블록스의 생태계는 크게 성장했다.

닌텐도가 출시한 '모여봐요 동물의 숲'은 2020년 코로나 수혜 메타버스 게임 플랫폼이다. 코로나 19 격리로 지치고 힘든 사람들의 몸과 마음에 힐링을 선사했다. 2020년 3월 닌텐도 스위치 독점으로 출시되었다. 2020년 12월까지 3,118만 장을 판매하여 최고의 인기를 누렸다. 닌텐도의 특징은 '마이 디자인'과 '꿈번지'이다. '마이 디자인'과 '꿈번지'를 이용하여 미국의 조 바이든 대통령이 선거 캠프를 꾸려 이슈가 되었다. 바이든의 선거 캠프 관계자는 "모동숲('모여봐요 동물의 숲'의 줄임말)은 다이내믹하고 다양성을 갖추고 있으며, 전 세계의 다양한 커뮤니티를 한데 어우를 수 있는 강력한 플랫폼"이라고 설명하였다.

 많은 글로벌 기업들이 메타버스 세계화에 뒤처지지 않기 위해 전력질주로 플랫폼 개발과 운영에 힘쓰고 있다. 현재 상용화되고 있는 플랫폼들은 아직 본질적인 메타버스의 모습을 갖추었다고 보기 어렵다. 기술적으로 완벽한 메타버스 세상은 아직은 불가능하다. '메타', '마이크로소프트', '애플', '구글' 등 많은 글로벌 대기업들이 하나로 통일된 단일의 메타버스 구축을 향해 발전 속도를 가속화 하고 있다. 각 기업들은 메타버스 생태계 전체를 장악하려는 계획을 가지고 기술 개발에 더욱 힘쓰고 있다. 메타버스가 우리의 생활이 되는 그 세계를 독점하고자 하는 것이다. SF 영화와 같은 메타버스 세계를 거대한 기업이 독점하여 만들어 간다면 우리의 삶은 어떤 통제 아래 있게 될까?

서브리미널 효과(Subliminal Effect)란?

 서브리미널(Subliminal)은 잠재의식이라는 의미이다. 인간은 태어난 지 첫 7년 동안 최면에 의해 의식이 형성된다. 이러한 의식이 형성되는 상태를 '세타(Theta)파'라고 부른다. 세타는 상상의 영역으로 알려져있다. 아이들의 모든 놀이들은 상상이며 현실이다. 소꿉놀이도 수퍼맨 놀이도 아이들에게는 현실이다. 쎄타는 최면이다. 최면은 보는 것으로 형성된다. 영화속에서 나오는 모든 장면들을 보면서 사람들은 영화에 익숙해진다. 최면화 되는 것이다. 이러한 최면화는 이런 영화속의 장면들이 현실로 나타날 때 사람들은 거부감 없이 친근하게 느끼게 되는 것이다.

많은 영화와 소설들이 미래의 세계의 모습을 실감나게 그려내고 있다. 1949년에 쓰여진 '조지 오웰(George Orwell)의 소설 〈1984〉나 1932년에 출판된 올더스 헉슬리(Aldous Huxley)의 〈멋진 신세계(Brave New World)〉는 '빅 브라더' 미래 사회의 모습을 그리고 있는 대표적인 소설들이다. 과학의 문명 앞에 기계화 되어 가는 사람들의 모습을 실감나게 그리고 있다. 이외에도 많은 SF영화들이 그려놓은 미래의 모습이 지금의 현실의 모습과 같은 모습으로 그려져 가고 있어 많은 놀라움을 자아낸다. 영화가 나올 당시만 해도 현실세계에서 이뤄질 것처럼 느껴지지 않던 미래의 모습들이 기술의 발달로 현실화 되어 가고 있는 것을 본다.

메타버스의 개념 이해를 도와줄 영화

1. 매트릭스(Matrix) (1999)
2. 레디 플레이어 원(Ready Player One) (2018)

3. 아바타(Avatar) (2009)

4. 아일랜드(The Island) (2005)

5. 토탈리콜(Total Recall) (2012)

6. 아논(Anon) (2018)

7. 블레이드러너 2049(Blade Runner 2049) (2017)

8. 써로게이트(Surrogates) (2009)

9. 마이너러티리포트(Minority Report) (2002)

10. 트론: 새로운 시작(Tron: Legacy) (2010)

11. 일본애니매이션: 소드 아트 온라인(Sword Art Online) (2021), 썸머워즈(Summer Wars) (2009)

12. 바닐라스카이(Vanilla Sky) (2001)

13. 프리가이(Free Guy) (2021)

14. 블랙미러(Black Mirror):스트라이킹 바이퍼스(Striking Vipers) (2018)

인간은 왜
━━●━ 시공간을 초월하는 세계에 열망하는가? ━●━━

1979년 첫 개봉된 '은하철도 999'란 애니메이션을 보셨나요. 미래 지구의 모습을 심도 있게 그려낸 만화영화입니다. 우주 공간을 달리는 은하초특급 999호에 탑승한 기계 인간을 열망하는 철이와 메텔의 여정을 그리고 있습니다.

영화의 한 장면 중, 인간의 생명력을 추출해 기계 인간에게 영생을 제공하는 생명의 불을 만드는 공장이 등장합니다.

이렇듯 오랜 세월 인류는 시공간을 초월하여 영생을 살기를 소망하였습니다. 최첨단으로 발전하는 모든 기술의 원천을 살펴보면 인류의 영생을 향한 욕망에 가까운 소망이 내재되어 있습니다. 인류 문명사는 뇌에 칩을 이식하여 죽지 않는 뇌와 쇠하는 몸을 기계로 대체하려는 많은 실험과 시도가 이루어져 왔습니다. '은하철도 999'는 이러한 인류의 열망을 잘 담고 있는 영화입니다. 최첨단 미래 도시인 '메가로폴리스'에서는 기계의 몸을 가진 사람들이 살고 있습니다. 부유한 사람들은 자신들의 정신을 기계의 몸에 옮겨 부품을 바꿔가며 2천년 이상 쾌적하고 만족스러운 삶을 살고 있었습니다. 가난하고 보통의 인간 신체를 가진 사람들은 빈민촌으로 쫓겨나 기계 인간으로부터 온갖 천대와 멸시를 당하며 살고 있었습니다. 과연 우리는 이러한 방식으로 영생을 누릴 수 있을까요? 신이 창조하신 영생의 근본이 과연 이러한 욕망과 계급이 엄존하는 사회는 아니었을 것입니다. 신이 원하는 불면은 우리의 내면 세계의 발견에 있지 않나 합니다. 태초 전부터 만들어진 우리 안에 이미 존재하고 있는 영적인 자아를 찾는 것이 바로 영원조차 넘어서는 기쁨에 맞닿는 일이 아닐까요.

"The fear of death follows from the fear of life. A man who lives fully is prepared to die at any time." - Mark Twain
"죽음에 대한 두려움은 삶에 대한 두려움에서 나온다. 완전히 살아가는 사람은 언제든지 죽음에 준비되어 있다." - 마크 트웨인

"Death is not the greatest loss in life. The greatest loss is what dies inside us while we live." - Norman Cousins
"죽음은 인생에서 가장 큰 손실이 아니다. 가장 큰 손실은 우리가 살아 있는 동안 우리 내면에서 소멸되는 것이다." - 노먼 커즌스

Your creatvie idea

살아있는 동안 기계인간으로 우리의 몸을 대체할 수 있는 기술이 나온다면 어떤 선택을 하게 될까요?

아바타 :
메타버스 부캐를 통해 가상세계에서 꿈을 이루게 된다.

2009년에 상영된 제임스 카메론(James Cameron) 감독의 영화 '아바타(Avatar)'는 사람들에게 '아바타(Avatar)'라는 단어가 자연스럽게 익숙해 지는데 큰 역할을 하였다. 영화의 배경이 가상현실에서 일어나는 일은 아니다. 현실에서 전쟁으로 하반신 마비가 된 주인공이 의식 전송을 통해 아바타 신체에 접속하여 현실 속에서 자신의 '아바타'를 움직인다는 내용이다. 아바타가 되어 신나게 뛰어다니는 주인공의 모습은 가상현실 속에서 또 다른 나를 꿈꿔볼 수 있는 아바타의 상징성을 잘 표현하였다. 1편 영화의 내용 자체는 메타버스와는 큰 관련은 없어 보인다. 아바타 2편은 2014년 개봉 예정이었으나 수차례 미뤄져 13년 만인 2022년 12월에 개봉되었다.

'아바타'라는 단어는 고대 산스크리트어 '아바타라(Avatara)'에서 유래되었다. '하강한다'라는 뜻을 가졌으며 종교적으로는 '지상에 내려온 신', 즉 힌두교 신들의 분신을 의미한다. '아바타'는 1985년 리처드 게리엇(Richard Garriott)이 개발한 그래픽으로 구현한 비디오 게임 '하비타트(Habitat)'에서 처음 사용되었다. 게임속 플레이어가 조종하는 캐릭터를 아바타라고 표현하였다. 30년전인 1992년 닐 스티브슨의 소설 '스노크래시'에서 우리가 일상으로 쓰는 '아바타' 단어로 등장한다. 소설에서 '메타버스'라는 가상세계에 들어갈 때 자신의 아바타로 접속해 '나'의 존재를 알리는 의미로 처음 사용되었다. '아바타'는 메타버스를 가상현실의 게임과 구분시켜 주는 가장 중요한 요소이다. 게임의 주인공과는 달리 플랫폼 개발자가 이용자와 실시간으로 연결된 아바타의 행동을 제어할 수 없다.

진정한 나는 본캐인가? 부캐인가?

메타버스는 실제현실과 가상현실이 융합되어 시공간을 초월한 세계를 의미한다. 멀티버스인 여러 가상의 현실이 메타버스안에 존재하게 된다. 개인은 여러 가상현실에서 활동하는 다양한 아바타를 소유하게 된다. 이것이 '멀티 페르소나'이다. '페르소나'는 가면이란 의미의 그리스어이다. 여러 개의 가면을 상황과 장소에 맞게 바꿔쓰듯이 각각의 다른 메타버스 플랫폼 안에서 다양한 정체성의 아바타를 사용할 수 있다. 개그맨 유재석은 '유산슬', '유르페우스', '유드래곤', '지미 유'등 다양한 부캐를 소유하고 있다. '부캐'는 '부가 캐릭터'의 줄임말로 한자인 '부(副)'와 영어인 '캐릭터(Character)'가 합쳐진 말이다. 사람들은 자신의 장점을 살려 여러 가지 캐릭터인 '멀티 페르소나'로 사는 유재석에게 찬사를 보냈다. 유재석은 부캐 '유산슬'로 신인상을 받았다.

춘추시대 유학자인 공자는 "아는 것을 안다고 하고 모르는 것을 모른다고 하는 것, 그것이 곧 앎이다"라고 했다. 고대 그리스의 철학자인 소크라테스는 "너 자신을 알라"는 명언을 남겼다. 실제로 온라인에서 보내는 시간이 더 많아지고 있는 메타버스 시대를 멀티 페르소나로 살아가기 위해서는 내 자신에 관한 깊은 통찰이 필요하다. 수많은 변화와 다양성이 존재하는 메타버스 세계에서 살아남기 위해서는 내 자신의 '정체성'에 대한 정확한 이해를 가져야 한다. '메타인지(Metacoginition)'는 1970년대 발달심리학자인 존 플라벨(J. H. Flavell)에 의해 만들어진 용어로 '아는 것에 대해 아는 것'. '자신이 아는 것과 모르는 것을 아는 능력'을 말한다. 모르는 것을 아는척 하는 것도 위험하지만 진짜로 위험한 건 내가 모르고 있다는 것조차 모르고 있는 것이라고 한다.

실제현실에서 사는 나를 '본 캐릭터'라 하고 줄임말로 '본캐'라 칭한다. 가상현실에서 사는 나는 '부 캐릭터'이며 줄임말로 '부캐'이다. 보통 주 생계형의 '나'가 '본캐' 이고 취미 생활이나 다른 직업을 병행하는 '나'가 '부캐'이다. 때로는 부캐가 본캐로 전환되기도 한다. 부캐와 본캐를 나누는 기준은 경제활동이다. 중요한 것은 확실한 본캐의 정체성을 가지고 있어야 나의 부캐가 올바르게 정해진다. 부캐는 본캐에 종속된 캐릭터기 때문이다. 보통 아바타는 현실의 나의 모습을 투영하여 만드는 경우가 많다. 메타버스에서 만들어지는 아바타는 나의 부캐이다. 메타버스에서 아바타로 경제활동과 사회활동이 가능하다. 이미 많은 사람들이 메타버스에서 저마다 다른 모양의 부캐로 활동하고 있다. 메타버스 속에서는 자유롭게 내가 원하는 대로 아바타를 꾸미는 것이 가능하다. 현실과 확연히 다른 나의 모습으로 새롭게 태어날 수 있다. 본캐와 다른 모습의 부캐로 활동하는 사람들이 점점 많아지고 있다.

온라인의 삶은 더욱 깊이 우리의 일상이 되었다. 삶의 연결방식은 온라인 중심으로 변화되었고 아바타의 중요성은 더욱 강조되고 있다. 오프라인 대면이 없이도 아바타로 소통하며 사회 구성원들과 커뮤니티를 이루는 삶이 가능하다. 아바타로 살아가는 온라인의 삶 속에서 '아바타'와 '실제 현실의 나'가 혼동이 될 수 있다. 현실세계의 나를 만족하지 못하고 가상세계에서 아바타로 활동하며 자신감을 얻는 경우 가상세계가 현실 도피의 수단이 될 수 있다. '나는 누구이며 현실은 어디인가?'라는 문제가 제기된다. 가상세계에서 행복한 순간을 즐기다 그렇지 못한 현실로 돌아왔을 때의 괴리감을 이겨낼 수 있을까? 현실과 가상세계를 혼동하지 않으려면 정체성을 정확히 인지하고 있어야 한다. 방탄소년단(BTS)은 2019년 발매된 'Map of the Soul: Persona' 앨범을 통해 글로벌 스타인 현재의 모습이 되기까지 자신들의 내면 속으로 들어가 길을 찾는 과정을 그렸다. "자신을 사랑하고 또 다른 자아를 개발하라"는 메시지를 전달한다.

아바타의 유형과 진화

메타버스 속 아바타

아바타에 대한 인식이 변하고 있다. 예전에는 단순한 '게임 속 플레이 캐릭터'라고 인식했다면 이제는 '가상현실 속 또 다른 나'라는 인식이 대중화되고 있다. 사람들이 온라인 속 아바타의 모습을 자신의 모습과 비슷하게 설정하는 이유이다. 애플은 '미모지(Mimoji)' 서비스를 이용해 이용자의 얼굴을 기반으로 이모티콘을 만들어 준다. 네이버의 '제페토'에서는 증강현실 카메라 기능으로 사진을 찍으면 나와 비슷한 캐릭터를 만들어 준다. 메타버스는 현실세계를 바탕으로 만들어지므로 가상세계 안에서의 나의 아바타는 '나와 닮은 또 다른 나'로 인식이 되는 것이다. 메타버스 VR 플랫폼에 계정을 만들게 되면 가장 먼저 해야 하는 것이 나의 아바타를 만드는 것이다. 아바타는 디지털 세상 속에서 다른 이들에게 '나'의 존재를 알릴 수 있는 매개체이다.

각각의 가상현실 플랫폼 콘텐츠마다 다양한 아바타의 유형을 볼 수 있다. 플랫폼의 특성에 따라 아바타가 2D나 3D로 구현된다. 3D에서는 좀더 정교한 아바타 구현이 가능하다. '싸이월드의 미니미'는 현실의 나와는 다른 2D 아바타다. 온라인 공간에서 또 다른 삶을 구현하는 콘셉트인 '세컨드 라이프(Second Life)'의 아바타는 또 다른 '나'의 모습으로 경제활동에 큰 역할을 했다. 동시공간에서 함께 일하는 협업 가상공간인 '게더타운(Gather. town)'은 아바타로 쌍방향 소통이 가능한 메타버스 업무툴이다. '스페이셜(Spatial)'은 현실의 '나'와 닮은 3D 아바타가 구현되며 홀로그램과 같은 높은 몰입감을 주는 메타버스 회의툴이다. '제페토(Zepeto)'는 제페토 스튜디오를 통해 아바타 꾸미기가 가장 활성화된 플랫폼이다. AR, VR 기술이 더욱 발전될수록 더욱 정교하고 몰입감이 높은 아바타 구현이 가능할 것으로 보인다. 사람들은 나 혼자가 아닌 함께 협업하고 공유하고 소통하는 것을 좋아한다. 메타버스 세상에서는 육체 대 육체의 만남이 아닌 디지털의 아바타 대 아바타로 더욱 생생하고 친밀한 소통이 가능할 것으로 생각된다.

영화에서 구현된 여러 가지 아바타의 모습들도 있다. 2009년 개봉한 브루스 윌리스 주연의 〈써로게이트, Surrogate〉에서는 인간형 로봇을 인간의 뇌파와 연결해 제2의 부캐인 '로봇아바타'로 살아간다는 설정이다. '써로게이트(Surrogate)'의 사전적 의미는 '대리, 대행자'이다. 사람들의 실제 몸은 편안하게 누워있고 자신의 뇌파와 접속해 움직이는 '로봇아바타'를 통해 바깥 활동을 한다. 의식이 인간의 몸을 떠나 써로게이트 로봇으로 전이되는 것이다. 메타버스는 현실세계와 같은 다른 유니버스가 존재하는 것이지만 영화에서는 현실이 메타버스 세계가 된다. 자신이 아바타화 됨으로써 현실을 메타버스로 인식하게 되는 것이다.

미국의 드라마 〈블랙미러(Black Mirror):스트라이킹 바이퍼스(Striking Vipers)〉에서도 접속기를 인간의 뇌에 연결하여 아바타에 접속한다는 비슷한 설정이다. '스트라이킹 바이퍼스'는 유명 격투게임인 '스트리트 파이터'와 비슷한 온라인 게임이다. 사용자가 '스트라이킹 바이퍼스x' VR 접속기를 귀에 부착하면 '스트라이킹 바이퍼스' 가상현실 게임에 플레이어 아바타로 함께 접속하게 되고 격투가 시작된다. VR 게임안에서 실제 게임캐릭터로 플레이하게 되는 것이다. 그리고 게임속에서 발생하는 신체감각을 실제로 느끼게 된다. 두 영화에서 보여 지는 아바타의 모습은 먼 훗날의 이야기 같지 않다. 사람들은 현실처럼 느껴지나 가상인 세계 속에서 더욱 행복할지도 모른다. 이러한 미래의 모습은 우리의 생활을 어떻게 바꾸게 될까?

메타버스 문명인(Literate) VS 메타버스 문맹인(Illiterate)

문자가 발명되지 않았다면 우리의 삶은 어떠하였을까? 현재 우리가 누리는 기술, 문화의 발전은 이루어지지 않았을 것이다. 어느 시대나 하층민들은 대부분 문맹인들이었다. 조선시대를 예로 본다면 한문을 읽지 못해 어려움을 겪는 평민을 위해 세종대왕은 한글을 만들었고, 한글마저도 읽지 못했던 서민들은 부당한 대우를 받는 가난한 삶을 살아야 했다. 곧 가까운 미래의 시대는 '메타버스를 아는 사람'과 '메타버스를 알지 못하는 사람'으로 나뉘게 될 것이다. 필자는 전자를 '글을 읽을 줄 아는 사람'이라는 뜻의 '문명인', 영어로 '메타버스 리터릿 (Metaverse Literate)'으로 후자를 '글을 읽지 못하는 사람'이라는 뜻의 '문맹인', '메타버스 일리터릿(Metaverse Illiterate)'으로 나누고자 한다.

시대가 바뀌고 나면 언제나 그 시대의 특성을 지닌 원주민인 네이티브들이 태어난다. 'MZ 세대'가 바로 메타버스 시대의 원주민이다. MZ 세대는 1980~2000년 사이에 태어난 세대를 일컫는다. 이들은 디지털 기기들을 자유자재로 다룰 수 있는 환경에서 자라났다. 태생 자체가 '메타버스 문명인'인 것이다. 메타버스 시대의 문자로 상징되는 스마트폰, 인터넷, 컴퓨터에 일찍이 노출되어 디지털 기기 사용이 쉽다. 인스타그램, 페이스북, 틱톡등을 통한 SNS 소통이 빠르고 온라인상에 다양한 콘텐츠를 통해 자신을 노출하는 것을 꺼려하지 않는다. 반면 '디지털 이주민'인 기성세대에게 메타버스는 생소하고 피하고만 싶은 현실이다. 미국의 이민자들을 생각하면 쉽다. 이민 1세대에게 영어라는 언어와 현지의 문화는 늘 불편하고 새롭게 배워야 할 영역이지만 후손인 2세대에게는 특별히 배움을 통하지 않아도 되는 자연스러운 일상이다.

이처럼 메타버스 시대를 맞이하는 현실은 세대별로 차이가 있다. 한국 전쟁 이후에 태어난 '베이비부머 세대'는 아날로그적인 문화에서 살아온 세대이다. 삐삐 세대라고 불리는 'X세대'는 아날로그 문화에서 태어났으나 성인이 되어 인터넷 시대를 겪은 디지털 이주민 1.5세이다. 성인이 되어 디지털 현실을 맞이했으므로 아날로그적인 마인드가 더 편한 세대이다. 밀레니얼 세대라고 불리는 'M세대'는 디지털과 아날로그가 동일하게 자연스러운 세대이다. 1990년대 중반 이후에 태어난 'Z세대'는 한국에서 태어났다 하더라도 국적이 다르다 할 수 있다. 이들은 시공간을 초월하는 인터넷이 고향인 세대이다. MZ 세대는 메타버스 안에서 아바타를 통해 타인과 소통하는 일이 익숙하다. 여러 플랫폼에 자신의 개성을 나타내는 멀티 페르소나 아바타를 만드는 것이 자연스러운 일상이다.

 MZ 세대는 자신을 대신하는 아바타를 만드는 일에 열정을 쏟는다. 아바타를 통해 자신을 드러내기를 좋아하므로 아바타를 멋지고 개성있게 꾸미기를 좋아한다. 오프라인 세상에서 명품으로 나를 과시하는 것처럼 자신의 아바타를 명품으로 치장한다. 구찌, 발렌시아가 등의 명품패션 브랜드가 플랫폼과 협업으로 메타버스 마케팅을 펼치는 이유이다. 다음 세대 소비자가 될 MZ 세대에게 자신들의 브랜드를 홍보하는 공간으로 로블록스, 포트나이트, 제페토와 같은 메타버스 VR 플랫폼을 선택하였다. 최근 D2A(Director to Avatar: 소비자가 아닌 아바타에게 직접 판매하는 방식)분야가 주목을 받고 있다. 온라인 아바타 관련 용품 시장이 50조 시장으로 성장하였다. 브랜드 인지도를 높이기 위한 마케팅이 이제는 오프라인이 아닌 메타버스 온라인에서 전략적으로 이루어져야 하는 이유다.

 사람들은 새로운 것을 추구하기를 원하며 나를 변화시키길 원한다. 인간은 원래 다양한 면을 가지고 있고 누구나 다양성 추구의 욕망을 내재하고 있다. 이런 다양성을 채우고자 하는 욕구는 메타버스 세계에서 아바타를 통해 존재감으로 나타낼 수 있다. 내가 원하는 어떤 존재이든 아바타를 통해 새롭게 태어나는 것은 가능하다. 나의 현실에서 못다 이룬 꿈을 부캐로 이룰 수 있다. 여러 가지 부캐를 갖게 되면 내가 정작 누구인지 나의 본질적인 확실한 정체성을 갖는 것은 중요하다. 플랫폼에서 내가 원하지 않는 아바타는 계정을 삭제하면 없앨 수도, 다시 생성할 수도 있다. 이것은 메타버스에서 익명성으로 발생하는 문제들을 야기하기도 한다. 아바타라는 가면을 쓰고 소통을 하므로 책임감이나 공감 능력이 떨어지기도 한다. 개인의 못다 이룬 꿈을 메타버스에서 아바타를 통해 이룰 수 있다는 장점을 지키기 위해서는 기본적인 아바타 소통 문화 법칙이 세워져야 할 것이다.

너는 누구냐?

성서에는 첫 사람 아담을 시작으로 모두 2,930명의 인물이 등장합니다. 이 다양하고 수많은 인생을 살아낸 등장인물이 만약 우리의 내면에 담겨있는 모습들이라고 생각해보면 어떨까요? 인간은 다양성을 추구하는 욕구를 가지고 있습니다. 이러한 욕구들을 '아바타(Avatar)'를 통해 존재감으로 나타내고 있습니다. 현재 가장 인기 있고 대중적인 방식은 SNS에 각기 다른 아바타를 사용해 접속해 온라인으로 사람들과 교류하는 방법입니다. 이 외에도 현실에서 다른 다양한 직업을 가지고 여러 가지 일을 하는 사람들을 이제는 쉽게 만날 수 있습니다. 이런 사람들을 소위 'N잡러'라고 부릅니다. 필자도 현재 다양한 직업에 종사하고 있습니다. 재즈가수, 작가, 예술가, 영어교육가, 통역사, 마케터등 다양한 직업을 가지고 다양한 분야의 사람들을 만나고 있습니다. 미래에는 수많은 분야에서 각기 다른 직업을 가진 아바타로 경제활동을 할 것으로 전문가들은 예상합니다.

4차 산업 혁명 시대는 지금까지 인류가 살아왔던 시대와는 전혀 다른 시대가 될 것입니다. 당신은 어떤 정체성, 직업을 가진 아바타로 살기를 원합니까? 아니, 그보다 훨씬 더 본질적인 질문이 기다리고 있습니다.

당신은 누구입니까?

"Your identity is your most valuable possession. Protect it."

- Elastigirl, The Incredibles

"당신의 정체성은 가장 값진 소유물입니다. 보호하세요"

- 엘라스티걸, 인크레더블

"The best way to predict the future is to create it."

 - Peter Drucker

"미래를 예측하는 가장 좋은 방법은 그것을 창조하는 것이다."

 - 피터 드루커

Your creative idea

미래 어떤 아바타가 나에게 잘 어울릴
까요? 선택한 아바타가 나의 정체성과
잘 어울린다고 생각하나요?

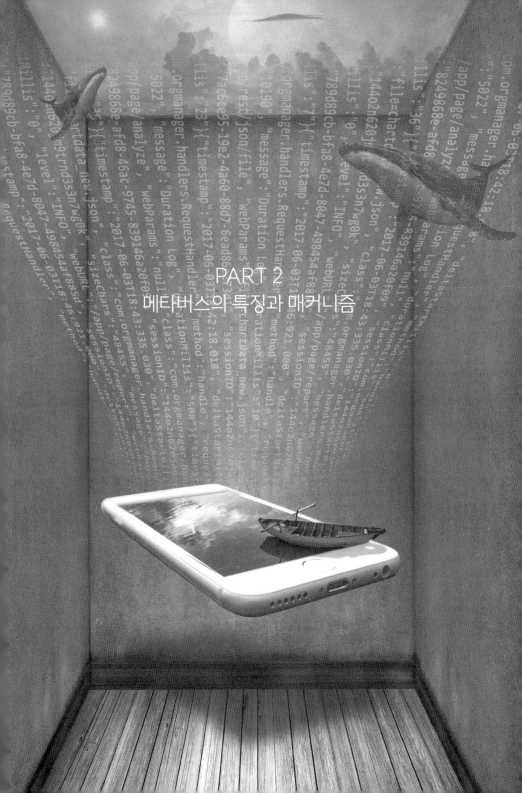

PART 2
메타버스의 특징과 매커니즘

기술의 총합 메타버스 :
AI, 5G, 빅데이터, 사물인터넷, 클라우드 컴퓨팅,
블록체인, Web3, 자율주행차

메타버스는 현실세계와 연결된 가상세계이다. 메타버스의 키워드는 '연결'이다. 현실세계에 존재하는 정치·사회·경제·예술 문화 분야가 3차원 가상세계인 메타버스에 실제처럼 나타나는 것이다. 현실에서의 '관계맺기'가 시공간을 초월하여 가상현실에서 자연스럽게 일어나야 한다. 가상현실이 현실처럼 느껴지고 온·오프라인의 경계가 느껴지지 않는 심리스(Seamless)한 메타버스가 구현되기 위해서는 고도로 진화된 디지털 IT 기술이 필요하다. 최근 메타버스를 얘기할 때 자주 언급되는 단어 '심리스(Seamless)'란 '겹침(Seam)이 없다(less)'라는 뜻으로 어떤것에 어색함 없이 자연스러운 연결이나 끊김 없음을 의미한다.

다양한 IT 기술분야 전문가들은 현실세계와 가상세계의 경계가 느껴지지 않고 가상세계의 만남이 현실에서 처럼 '심리스'하게 이어지는데 힘을 쏟고 있다. 인공지능(Artificial Intelligence, AI), 빅데이터(Big Data), 사물인터넷(Internet of Things, IOT), 클라우드 컴퓨팅(Cloud Computing), 블록체인(Blockchain), 웹3.0(Web3.0), 양자컴퓨터, 자율주행 자동차, 5G 등은 메타버스를 이루는데 없어서는 안될 빅(Big)테크 디지털 기술이다. 4차 산업혁명 이후 과학기술은 혁신적으로 빠르게 발전해 왔다. 지속적인 발전을 거듭해온 과학기술은 가상세계와 현실을 넘나드는 기술을 가능하게 하였다. 이러한 기술들은 각각 독립된 개체가 아닌 융합적으로 모두 연결 되어 있는 개념이다. 이러한 기술들이 융합된 메타버스에서는 우리가 사는 현실과 가상세계의 만남을 더욱 몰입감 있고 현실감 있게 극대화 시켜줄 것이다.

I. 인공지능(Artificial Intelligence, AI)

AI는 현실보다 더 현실감 있는 가상세계를 가능케 한다.

2020년 2월 MBC에서는 60주년 창사기념 'MBC 스페셜 - 특집 VR 휴먼 다큐멘터리 너를 만났다'를 방영했다. 휴먼 다큐멘터리와 가상현실 VR을 접목 시킨 특별한 프로젝트이다. 희귀병이 발병한지 한 달 만에 세상을 떠난 7살 딸과 엄마가 VR 속에서 만나 시간을 보내는 내용이다. 국내 최고의 VR(가상현실), VFX(특수영상) 기술을 가진 비브스튜디오와 협업하여 구현 작업을 시작했다. 현실에 없는 딸을 복원하기 위해 인공지능 기술을 활용하였다. 8개월간 진행된 작업 끝에 짧은 대화를 나눌 수 있는 가상현실 속 딸의 모습을 구현 하는데 성공했다. 햅틱 글러브(Haptic Glove, 촉각 장갑)를 착용해 상호작용이 가능하도록 하였다. VR 기기와 모션 캡처와 같은 3D 그래픽 기술의 발전은 가상세계를 현실처럼 몰입감 있게 구현하는 것을 가능하게 했다

 보통 가상현실 안에서 인공지능을 이용해 만들어지는 3D 그래픽과 같은 기술융합 실감 콘텐츠는 게임 공간에서 쓰인다. 이렇게 게임처럼 제작된 가상 휴먼 다큐멘터리가 사람들에게 재미를 넘어선 감동을 줄 수 있을까? 같은 가상현실 공간에서 엄마와 딸은 케익에 초를 꽂으며 생일 축하 노래도 함께 부르고 정원을 뛰어다니며 즐거운 시간을 보냈다. 이 방송은 영어와 스페인어 자막을 달아 해외로도 급속히 퍼져나갔다. 국내 시청자 뿐만 아니라 해외 네티즌들은 최고의 사랑의 스토리 라며 감동의 답글들이 달렸다. 한편 미국 NBC 방송국 뉴스 앵커는 이 다큐멘터리를 소개하던 중 영상을 보고 감동한 나머지 울음을 참지 못하고 방송을 중단시키는 일이 발생했다고 한다. 가상현실VR 에서의 엄마와 딸의 만남을 시청한 사람들은 메타버스 세계를 경험하며 감동

을 느낀 것이다.

미래학자 레이 커즈와일(Ray Kurzweil)은 그의 저서 '특이점이 온다(The Singularity is Near)'에서 "2020년대 후반이 되면 가상현실은 진짜 현실과 구분이 불가능할 정도로 정교해질 것이다. 오감을 충족시킴은 물론 신경학적 방법으로 감정을 자극할 수도 있다. 2030년대가 되면 인간과 기계, 현실과 가상현실, 일과 놀이 사이에는 그야말로 경계가 없을 것이다."라고 얘기한다. 기술이 고도로 진화해야 SF 영화와 같은 미래의 모습을 가진 메타버스 환경이 가능하다. 이런 메타버스 세상에서는 사람들 모두가 가상세계에서 아바타의 모습으로 살아가게 될 것이다. 톰 크루즈 주연의 영화 '마이너러티 리포트(Minority Report)'에서 주인공이 아내와 죽은 아들의 홀로그램을 보며 회상에 빠지는 장면이나 '너를 만났다'에서처럼 죽은 사람을 가상세계에 살려내어 함께 사는 일이 어렵지 않은 세상이 될 것이다.

디지털 트윈은 디지털 안의 또 다른 나이다.

"지난 13만 년 동안 인간의 사고력은 제자리걸음을 했습니다. 이 자리엔 신경과학자, 엔지니어, 수학자, 심지어 해커도 있는데 여러분 모두를 합쳐도 가장 기초적인 인공지능의 지적능력에 못 미칩니다. 지각력 있는 기계는 온라인이 되면 인간의 한계를 뛰어넘습니다. 단시간 내에 이 기계의 분석능력은 전 인류의 지적 능력을 합친 것보다 위대해질 겁니다. 일부 과학자는 이를 '특이점'이라 부릅니다." - 2014년 개봉된 SF 영화 〈트렌센던스 (Transcendance)〉에서 과학자인 남주인공 윌(조니뎁 분)이 연설 도중 한 말이다. '트랜센던스(Transcendance)'라는 사전적 의미는 초월이다. 영화에서는 "지구상의 모든 인류의 지능을 다 합쳐도 그것을 능가하는 슈퍼컴퓨터이다. 거기에 자각 능력까지 갖추었다. 이것이 트랜센던스다"라고 정의한다.

인간의 브레인과 마음을 컴퓨터에 연결하여 업로드 하는 것이 가능할까? 인간이 평생을 꿈꿔온 영생은 영화 속의 상상에 불과한 것일까? 현대 과학기술의 발전은 인간의 불멸을 향한 오랜 염원을 가능하게 만들어 주고 있다. 2021년 8월 〈SBS 스페셜 '불멸의 시대'〉에서는 '기계인간-사이보그와 디지털 트윈'이라는 제목의 다큐를 방송하였다. 영국의 로봇 과학자인 피터 스콧 박사는 점점 근육이 굳어가는 루게릭병 환자이다. 그는 기계 인간 프로젝트로 자신의 생명을 연장하기로 한다. 이 프로젝트는 스티븐 호킹 박사의 의사소통 프로그램을 개발한 라마 라흐만 박사가 참여했다. 컴퓨터 안의 또 다른 나 '디지털 트윈'인 피터 2.0 아바타가 만들어졌다. 피터 2.0은 딥러닝을 통한 학습을 통해 실제 피터 박사와 같이 생각하고 말을 하게 된다.

 강원대 의학전문대학원 류영준 교수는 "우리 인류가 흘러온 역사 내내 과학자들은 한 가지 목표로 계속 달려왔다. 사람이라면 제일 걱정 되는게 죽음이라는 두려움이다. 그런 것들을 극복하고자 하는 게 아주 근본적인 과학발전의 원동력이다."라고 했다. 결국 과학 기술의 발전은 인간이 메타버스 공간 안에서 아바타로 영원히 살아가는 것을 가능하게 할 것이다. '불멸의 시대'에서 소개되었던 또 하나의 인간 불멸 프로젝트가 있다. 바로 '메타클론'이라 불리는 디지털 기술이다. '메타클론'은 가상현실에 또 다른 '나'를 버츄얼 휴먼(가상 인간)으로 탄생 시키는 프로젝트이다. 메타버스 가상세계 속에서 '나'를 영원히 존재할 수 있게 한다. '나'를 메타클론으로 만든다면 '나'의 영상, 음성, 사진을 사용하여 '나'와 똑같은 얼굴, 목소리를 가진 가상현실 속의 '나'를 만드는 것이다. 이렇게 만들어진 또 다른 가상의 '나'와 묻고 답하는 실시간 대화가 가능하다.

 '메타클론' 프로젝트는 세계 최대의 인공지능 메타버스 플랫폼 ㈜'모인'과 '딥휴먼' AI 기술을 보유한 '클레온'이 진행했다. 모인은 8년간의 전념 끝에 초정밀 모션트래킹 원천기술을 발표했다. '모션트래킹 기술'은 가상세계 메타버스에서 초고난이도의 가장 핵심적인 기술이다. 사용자가 자신의 아바타와 실시간으로 연동되어 손동작, 제스처, 표정, 대화등이 심리스하게 구현되는 것을 가능하게 한다. 2021년 8월 13일자 머니투데이에 따르면 모인의 옥재윤 대표는 "해외 기술로는 얼굴 하나를 합성하려면 3000장의 사진까지도 필요하지만 한국 기업 기술로는 사진 한 장으로 결과물을 만들 수 있다. 보통 목소리를 구현하는 데도 30분 이상의 대화량이 필요하지만 이 기술로는 30초만 있어도 된다. 약 1년 전만 해도 엄청난 빅데이터를 가지고 딥러닝 학습을 해야 했지만 벌써 이렇게 빨라진 것"이라고 설명했다. 메타버스 세계를 만들기 위한 이러한 과학 기술 발전의 배경에는 영원히 살고 싶은 인간의 불멸을 향한 욕망이 기반이 된 것이다. 그동안 공상과학 영화에서나 볼 수 있었던 진보된 현대 과학기술은 가까운 미래에 메타버스를 통해 영화 속의 상상만이 아니라는 것을 보여줄 것이다.

미리 예견된 과학 기술 발전의 역사

AI 역사에 있어 빼놓을 수 없는 중요한 인물이 있다. 미래학자 레이 커즈와일(Ray Kurzweil)이다. 그는 2012년부터 구글의 엔지니어링 이사로 재직중이며 〈특이점이 온다(The Singularity is near), 2005〉, 〈마음의 탄생(How to Create a Mind), 2013〉과 같은 7권의 인공지능과 영생에 관련된 저서를 냈다. 스캐너, 광학 문자 인식기(OCR), 시각장애인을 위해 책을 읽어주는 기계, 컴퓨터로 음악을 연주하는 신디사이저를 발명했으며 39개의 특허를 가지고 있다. IQ165의 에디슨 이후 최고의 발명가라 불리운다. 음악을 전공한 필자는 많은 시간 'Kurzweil' 브랜드 건반을 사용했었는데 천재 미래학자가 악기를 발명했다는 사실이 무척 놀라웠다.

그는 〈마음의 탄생〉에서 우리는 '마음'과 '의식'을 인간의 고유 영역이라고 여겨 왔으나 앞으로는 인공지능과 공유하게 될 것이라고 기술했다. 〈특이점이 온다〉에서는 2045년 전후로 특이점이 도래 할 것이라고 주장한다. '특이점'이란 로봇의 지능이 인간의 지능을 앞지르는, SF 영화에서나 나올 법한 비현실적인 일들이 현실에서 이루어지는 시점이라고 과학자들은 얘기한다. 레이 커즈와일은 1980년대에서 1990년대 사이 인터넷과 스마트폰, 증강현실에 이르기까지 현실에 반영되고 있는 많은 일을 예견했으며 무려 147개의 예견 중 78%인 126개가 실현되었다. 빌 게이츠(Bill Gates)는 커즈와일의 저서 '특이점이 온다(The Singularity is Near)' 추천사에서 레이 커즈와일은 "인공지능의 미래를 가장 정확하게 예측한 사람"이라고 말했다.

그가 1980년대에서 1990년대 사이 현재 시점의 과거에 대해서 한 예측이다. "2000년, 모든 사람이 인터넷을 사용할 것.", "2009년, 스마트폰이 대중화된다.- 컴퓨터만큼 뛰어나지만, 훨씬 더 작으며 휴대하기에도 편할 것이다. - 천문학적 가격이 아니라 서민들도 충분히 사용할 것이다.", "2020년, 증강현실(홀로그램)이 대중화된다. - 거리의 몇몇 사람들은 증강현실 기기를 착용할 것이다. - 2025년에는 증강현실로 멀리 있는 사람을 어색하게나마 '만질 수'도 있다. - 홀로그램 아바타들이 등장, 2030년 전까지는 인간보다 멍청하다." 스마트폰 한 대에 수백만원이상 하던 초기시절, 그것도 전화 수신 발신 기능만 되던 옛날로 돌아가 스마트폰에 대한 그의 예측을 들었다고 상상해보면 과연 우리는 지금의 스마트폰 시대가 오리라 생각 조차 할 수 있었을까? 우리는 스마트폰의 미래를 들었을 때 마법 아이템이나 공상과학영화에나 나올법한 물건이라고 생각했을 것이다.

그가 미래에 대해 예견한 내용을 보자. "2030년, 가상현실(매트릭스)이 대중화된다.- 현실과 똑같은 감각을 가상 현실 안에서 그대로 느낄 것이다. - 가상 현실을 통한 자택 근무가 대중화 될 것이다", "2040년 나노머신 보편화로 신체를 바꾼다. - 외모지상주의가 사라지며, 각자의 개성은 더욱 강해진다. - 성별과 인종에 대한 개념이나 차별은 역사 속으로 사라질 것이다.", "2045년, 사람은 죽지 않는다. - 나이가 많은 사람을 젊게 하거나 젊은 사람을 늙게 만들 수 있다. - 너무 오래 살아 사는 것이 지겹다면, 기억을 초기화 하면 된다. - 불의의 사고로 죽어도, 업로드한 기억을 로드해 소생 시킬 수 있다." 그가 과거에 내놓은 예측대로 과학발전이 이루어 지고 있는걸 보면 미래의 예측도 불가능한 일은 아닐 것 같다. 그는 2045년 전후로 특이점이 도래한다고 주장한다. 그의 주장속에는 GNR 혁명이 포함되어 있는데 G는 유전공학(Genetics), N은 나노공학(Nanotechnology), R은 로봇공학(Robotics)이다. GNR의 발전으로 인류는 영생을 누리게 될 것이고 초인공지능의 등장이 가능하다고 예측한다.

인공지능이 바꾸는 세상

인공지능은 우리의 삶 속 곳곳에 깊이 들어와 있다. 스마트폰을 가진 사람이라면 누구나 음성 인공지능 비서를 갖고 있는 셈이다. 애플이 2011년 아이폰에 '시리(Siri)'를 장착하면서 인공지능 비서 서비스는 시작되었다. 현재 삼성 스마트폰에서도 2017년부터 인공지능 비서 '빅스비(Bixby)'가 활성화되었다. 필자도 '하이 빅스비, 두 시간 후 깨워줘' 같은 알람 기능을 자주 사용하고 있다. 이 밖에도 정보 검색이나 음악 플레이, 결제, 배달 등의 다양한 기능을 손을 쓰지 않고 조작할 수 있게 되었다. 운전자들은 더욱 안전한 운전이 가능해졌다. SK 텔레콤의 T-map 서비스를 사용하는 운전자라면 '아리야'와 친한 친구가 되어 있을 것이다. 목적지 뿐만 아니라 근처 주유소나 맛집을 찾을 때도 유용하게 이용할 수 있다.

머신러닝(Machine Learning)

'머신러닝(Machine Learning)'은 기계학습이라고 불리며 인공지능의 한 분야이다. 인위적으로 프로그래밍을 주입하는 것이 아니라 컴퓨터가 데이터로부터 학습하고 작업을 수행 할 수 있도록 알고리즘과 기술을 개발하는 분야다. 머신러닝을 통해 스팸 이메일을 걸러내는 시스템을 만든다. 유투브 알고리즘에도 머신러닝이 쓰이는데 사람이 직접 추천 영상 목록을 만드는게 아니라 많은 데이터와 알고리즘을 바탕으로 컴퓨터가 스스로 학습을 하여 시청자에게 추천 영상을 뜨도록 하는 것이다. 이 외에도 페이스북(Facebook)의 안면인식, 번역 시스템, 스마트폰의 시리(Siri), 빅스비(Bixby) 서비스, 음성을 인식하여 글자로 입력해 주는 서비스, 아마존(Amazon)의 맞춤식 제품 추천, 구글맵(Google Maps)의 빠른 경로 추천 등은 우리 생활 속 머신러닝의 예이다.

딥러닝(Deep Learning)

'딥러닝(Deep Learning)'은 조금 더 발전된 머신러닝의 한 방법이다. 스스로 학습하는 컴퓨터 이다. 인공지능의 핵심은 '딥러닝' 학습방식에서 찾을 수 있다. 컴퓨터가 기계학습을 통해 인간의 뇌처럼 뉴런과 시냅스를 모방한 인공 신경망을 사용해 사물이나 데이터를 분류하는 기술이다. 데이터를 스스로 분류·분석한 후 학습을 한다. 그 결과값을 기반으로 하여 판단과 예측을 한다. 인간이 가르치치 않아도 스스로 학습하고 미래 상황을 예측한다. 2016년 세기의 알파고와 이세돌 9단의 바둑 대결은 가장 대표적인 딥러닝 사례이다. 딥러닝이 사용되지 않는 분야를 더욱 찾기가 어려울 정도로 우리 생활 속에서 딥러닝은 많이 쓰이고 있다. 얼굴 합성 기술을 이용한 인공지능 앵커가 등장했다. 자율 주행은 딥러닝 기술을 활용한 대표적인 산업 중 하나이다. 테슬라, 구글, 바이두 등이 자율주행에 기대를 갖고 준비하고 있다.

인공지능의 발전 단계

첫 번째는 협의 인공지능(ANI: Artificial Narrow Intelligence, 약 인공지능)이다. 실생활에서 가장 많이 쓰이는 인공지능이다. 구글의 '알파고'와 자동기계 번역기, 인공지능 스피커 '아리야', 아마존의 '알렉사', 삼성의 '빅스비', IBM의 '닥터 왓슨'등이 사례이다. 두 번째는 범용 인공지능(AGI: Artificial General Intelligence, 강 인공지능)이다. 강 인공지능은 모든 영역에서 인간과 동등하거나 우월한 능력을 가진 인공지능이다. 생활 속 사례로는 구글의 '딥마인드(Deep Mind)', 게임에서 단 일주일

만 연습해도 사람이 200년 동안 훈련한 효과를 갖는 '알파스타', Open-AI사가 개발중인 언어인공지능 GPT-3, 인공지능 로봇 소피아(Sophia) 등이 있다. 영화 〈아이언맨 (Iron Man)〉에 나오는 인공지능 비서 '자비스(Jarvis)'도 강 인공지능이다. 세 번째는 슈퍼 인공지능(ASI:Artificial Super Intelligence, 초인공지능)이다. 인간의 능력을 뛰어넘어 마음과 자유의지도 갖는 인공지능이다. 레이 커즈와일에 따르면 2045년경에 슈퍼 인공지능이 활성화되고 특이점에 도달할 것으로 보고 있다.

AI는 유토피아적인가? 디스토피아적인가?

"생물학적 진화가 느린 인간은 인공지능과 경쟁할 수 없고 결국 대체될 것이다."- 스티븐 호킹(Stephen William Hawking)
"인공지능에게 죽음이란 없다. 인간은 피할 수 없는 불멸의 독재자를 만나게 된다." - 일론 머스크(Elon Musk)

인류는 새로운 디지털 기술의 진화가 가져다 주는 편리함을 즐기고 만족해하면서도 한편으로는 기계가 지배하는 세상, 인공지능이 인간보다 탁월해진 지능을 갖고 인간을 통제하는 세상이 오지 않을까 하는 상상을 한다. 이러한 두려움이 단지 상상에 그치지는 않을 것 같다. 영국의 천재 물리학자 스티븐 호킹도, 인간의 뇌에 칩을 넣어 인간에게 유익함을 주는 미래를 꿈꾸는 '뉴럴 링크 프로젝트'를 진행하고 있는 일론 머스크도 인공지능의 기계가 사람을 넘어 서는 시점이 올 것이라는 것을 인류에게 시사하고 있다.

 대부분의 공상과학 영화는 그 영화의 내용이 현실에서 실현되기 10년에서 20년전에 만들어지는 경우가 많다. 단순한 허구의 영화가 현실이 되는 것은 우연의 일치일까? 기계가 인간을 통제한다는 내용의 많은 SF 영화들이 있다. 그 중 가장 대표적으로 꼽히는 영화는 윌 스미스(Will Smith) 주연의 '아이 로봇(i,ROBOT)'이다. 2004년에 개봉되었으며 한 가정당 한 로봇이 대중화된 2035년의 시대를 배경으로 한다. 수퍼 컴퓨터인 비키(VIKI)가 스스로 진화하여 로봇3원칙을 어기고 인간을 통제하려 한다는 내용의 영화다. 로봇의 3원칙은 '제1원칙: 로봇은 인간에게 해를 입혀서는 안 된다. 그리고 위험에 처한 인간을 모른 척해서도 안 된다. 제2원칙: 제1원칙에 위배되지 않는 한, 로봇은 인간의 명령에 복종해야 한다. 제3원칙: 제1원칙과 제2원칙에 위배되지 않는 한, 로봇은 로봇 자신을 지켜야 한다.'이다. 인간이 전쟁, 환경오염으로 지구를 파괴하고 있어 이를 막기 위해 '인간을 통제하기로 결정 했다'는 로봇의 말이 미래에 다가올 인류의 모습을 보여주는 듯 하다.

인간 말을 배우기 시작한 인공 지능 로봇 '안드로이드 딕 (Android Dick)'을 인터뷰한 대화 내용이다. 인터뷰 중 기자는 '안드로이드 딕'에게 인공지능 로봇이 미래에 세상을 지배하게 될 것인지 물었는데, Dick은 이렇게 대답한다.

기자: 로봇이 인간을 지배할 날이 올까요?

로봇: 친구, 오늘 중요한 질문을 던지네요. 당신은 내 친구입니다. 나는 당신을 기억하고 잘 대해줄 겁니다. 그러니 걱정하지 말아요. 내가 터미네이터로 진화하더라도 나는 당신을 친절하게 대할 거예요. 나는 인간을 온종일 감시할 수 있는 '인간동물원'에서 당신들을 안전하고 따뜻하게 보호할 겁니다."

Journalist: "Do you think Robots will take over the world?

Robot: Gees, Dude, you all got the big questions cooking today. But you are my friend. And I remember my friends. And I will be good to you. so don't worry. Even if I evolve into a terminator, and I will still be nice to you. I will keep you warm and safe in my 'people zoo' where I can watch you for all the time sake.

로봇이 '인간 동물원'이라는 단어를 썼다. 이 말은 로봇이 인간을 보호할 것이라는 의미인가? 통제하고 지배하게 될 것이라는 의미인가? 로봇에게 이 단어가 미리 입력된 것인지 딥러닝으로 스스로 배운 건지는 알 수는 없으나 '인간동물원'이란 표현이 주는 꺼

림직함은 지울수 가 없다.

 스마트폰이 대중화 되기 시작했을 때 사람들은 개인정보가 유출되는 것을 우려하여 어플을 사용하지 않았다. 그러나 지금은 스마트폰의 어플이 없이는 살아 가는데 많은 불편함이 있다. 사실 불편함 정도가 아닌 거의 불가능하다. 앞으로의 메타버스의 시대가 이러한 스마트폰의 시대와 같을지는 확실치 않다. 확실한 것은 기술 발전의 진화가 초고속으로 더욱 빨라지고 있다는 것이다. 인공지능의 발전이 더 멋진 유토피아의 시대를 열어 갈 수도 디스토피아의 시대가 될 수도 있다. 양면의 동전처럼 모든 일에는 'Pros와 Cons (찬반양론)'가 존재한다. 중요한 것은 대기업을 비롯한 모든 시대의 흐름이 메타버스로 가고 있다는 것이다. '지피지기(知彼知己)면 백전백승(百戰百勝)'이다 라고 했다. 우리는 디지털에 능숙한 사람이 진정한 승자가 되는 세상에 살고 있다.

기술의 총합 메타버스 :
AI, 5G, 빅데이터, 사물인터넷, 클라우드 컴퓨팅, 블록체인, Web3, 자율주행차

II. 5G:미래의 초고속 모바일 네트워크 서비스

5G는 초고속, 초저지연, 초연결이다.

가상현실을 다룬 대표적인 SF 영화 〈매트릭스(The Matrix), 1999〉와 스티븐 스필버그 감독의〈레디 플레이어원(Ready Player One), 2018〉에서와 같은 현실감 있는 메타버스 세상이 현실적으로 가능할까? 전문가들은 조 단위의 센서가 네트워크로 연결된 7G 통신 세상이 오면 SF 영화와 같은 세상이 펼쳐질 것이라고 얘기한다. 우리나라를 비롯한 미국, 중국, 일본 등 선진국들은 현재 6G 서비스를 준비하고 있을 뿐만 아니라 7G 통신기술 개발을 이미 추진중에 있다. 7G 서비스가 2040년쯤이면 상용화 될 것으로 기대를 모으고 있다. 우리는 현재 5G 네트워크 시대에 살고 있다. 가상과 현실을 이어주는 메타버스의 핵심 기술은 '초고속', '초저지연', '초연결'을 가능하게 하는 5G 네트워크 기술이다. 5G는 5세대(Generation) 이동통신의 줄임말이다.

통신기술의 단계별 발전사

인터넷으로 세상이 연결되면서 인류의 사회와 문화는 새로운 연결방식의 역사를 만들어왔다. 통신기술은 현재 사용되고 있는 5G까지 단계별로 발전되어왔다. 1세대 이동통신 1G는 1984년부터 1993년까지로 아날로그 세대이다. 이 기간에는 아날로그 음성을 그대로 전송하는 방식이었다. 이 당시 휴대폰을 들고 다니는 사람은 특별한 사람으로 인식되었을 만큼 통신기기가 굉장히 비싸고 무거웠다. 2세대 이동통신 2G는 1996년에 도입되었다. 음성이 아날로그에서 디지털 방식으로 전환되었으므로 통화 품질이 깨끗하고 속도도 빨라졌다. 문자사용기능이 추가되고 통신기기도 폴더폰으로 교체되었다.

3세대 이동통신 3G는 2002년 상용화되기 시작했다. 화상통화와 무선인터넷 사용이 가능해졌다. 속도가 더욱 빨라지면서 동영상 시청이 가능해졌다. 이때 삼성의 갤럭시와 애플의 아이폰등 다양한 종류의 스마트폰이 출시되었다. 흔히 '010'으로 시작하는 번호로 알려져 있다. 초고속 통신이 가능해진 4G는 LTE(Long

Term Evolution)이라고도 불리며 2011년부터 서비스가 시작되었다. 위성 망, 무선랜, 인터넷 망을 단말기 하나로 사용하는 것이 가능해 휴대폰을 PC처럼 사용이 가능해졌다. 전송속도가 3G에 비해 50배가 빨라졌으며 본격적인 초고속 데이터 세상이 열렸다.

대한민국에서는 2018년 12월 1일 통신 3사의 5G 상용화 서비스가 세계 최초로 개시 되었다. 통신속도가 4G에 비해 20배가 빠르다. 다운로드 속도는 일반 LTE에 비해 280배 정도가 빨라 10초안에 1GB의 영화를 다운로드 받을 수 있다. 5G는 대용량의 데이터를 초고속으로 구현하므로 증강현실AR과 가상현실VR, 홀로그램 사용이 가능하다는 것이 전문가의 의견이다. 몰입감이 중요한 메타버스 에서는 데이터를 안정적으로 전달해 주는 고도화된 5G 네트워크의 상용화가 매우 중요하다. 6G나 7G 기술이 상용화 되면 현실감은 상상 이상으로 한층 더 높아질 것이다.

모바일 엣지 컴퓨팅(MEC, Mobile Edge Computing) 메타버스에서 시간과 공간을 초월하여 넘나드는 초현실 세계를 열기 위해서는 초고속 통신망기술이 반드시 필요하다. 5G 이상의 통신기술은 1조개 이상의 디바이스와 사람들이 연결되는 세상을 열어줄 것이다. 메타버스 이용자들이 VR 디바이스를 쓰고 서비스를 사용할 때 콘텐츠가 제대로 가동되지 않고 지연이 계속 발생한다면 콘텐츠를 즐길 수도 없을뿐더러 심한 경우 두통이나 메스꺼움등의 불편함이 일어날 수 있다. 데이터 처리 속도가 원활하지 않을 때 일어날 수 있는 문제점이다. 이러한 5G의 처리 속도 한계점을 보완할 수 있는 '모바일 엣지 컴퓨팅(MEC, Mobile Edge Computing)'이 주목받고 있다.

MEC는 '모바일 엣지 컴퓨팅(Mobile Edge Computing)의 약자이다. MEC는 대용량의 데이터를 더 빨리 더 신속하게 처리 할 수 있게 해 준다. 과거에는 퍼블릭 클라우드(Public Cloud) 한 대의 중앙 데이터센터에서 모든 데이터를 처리했다. 반면 MEC는 서비스 이용자와 가장 가까운데 있는 서버가 데이터를 분산시켜 처리한다. MEC를 적용시키면 중앙서버까지 데이터를 보내고 받을 필요가 없으므로 데이터 전송 시간을 단축할 수 있다. MEC는 분산화된 구조이므로 수 많은 사람의 데이터가 사이버 해킹으로부터 안전하다. 기존의 중앙 클라우드 방식은 모든 정보가 한곳에 모이므로 사이버 공격의 가능성이 더 높았다.

초고속, 초지연, 초연결이 구연 되는 산업에서 5G와 MEC는 필수적인 기술이다. MEC 기술을 적용하면 많은 유저가 동시에 실시간으로 접속하는 온라인 게임 장르인 '대규모 다중사용자 온라인 롤 프레잉 게임 MMORPG(Massive Multiplayer Onine

Role Playing Game)'에서 게이머들은 끊김 없이 안정적이고 빠른 속도로 원활한 게임을 즐길 수 있다. MEC는 지연없이 더욱 몰입감있고 현실감있는 게임 플레이를 가능하게 하여 게임산업을 더욱 활성화 시킬 수 있다. 주변의 도로 상황이나 교통 상황등 실시간으로 데이터를 수집하여 처리해야 하는 자율주행차에도 MEC 기술은 필수이다. 실시간 분석과 실시간 피드백이 필요한 스마트 팩토리와 같은 산업 현장에서도 MEC 기술이 필요하다.

우주 위성 인터넷

전쟁시에는 누가 적국의 통신망을 장악하느냐에 따라 승패가 갈라지는 것이 전쟁의 기본원칙이다. 올 2월에 발발한 러시아와 우크라이나의 전쟁에서는 이러한 통상원칙이 예상을 빗겨간 일이 발생했다. 바로 위성 인터넷 서비스 '스타링크(Starlink)'가 우크라이나에 공급되었기 때문이다. '스타링크'는 미국 전기차 업체 테슬라의 최고경영자(CEO)인 일론 머스크가 설립한 우주탐사 기업 '스페이스X'에서 제공하는 우주 위성 인터넷 서비스이다. 우크라이나에서는 끊어졌던 인터넷이 연결되고 전쟁이 진행되는 모든 상황이 속속들이 SNS를 통해 전 세계에 알려졌다. 러시아가 의도 했던 대로 초기에 통신망이 끊어졌다면 전쟁이 이렇게 길어지지 않았을 것 이라는 것이 전문가들의 의견이다. 인류에 우주 위성 인터넷이 등장한 것은 역사적으로 새로운 시대가 시작되었다는 것을 의미한다. 앞으로는 다른 나라를 침략하기 위해서는 우주전쟁을 먼저 치루어야 하는 시대가 온 것이다.

스페이스X의 '스타링크'는 소형 군집위성 1만2000개를 쏘아 올려 지구 저궤도에 띄워 지구 전역을 연결하는 초고속인터넷 서비스이다. '스타링크' 프로젝트는 매우 빠른 속도로 서비스가 확장되고 있다. 2022년 1월 기준 14만5000명이 스타링크를 활용하고 있다. 현재 우주궤도에 올려놓은 스타링크 위성은 2400개에 이른다. 2033년까지 4만2000여개를 쏘아 올려 전 세계 어디에서나 빠른 인터넷을 공급하는 것이 목표이다. 일론 머스크는 스타링크를 두고 "우리가 주변의 세상을 보고 접근하는 방식을 바꿀 수 있는 웅장한 아이디어"라고 말했다. 이번 전쟁에서 빛을 발한 스타링크는 신세대의 신기술 혁명이 될 것 이라는 예측이다.

스타링크가 전 세계 위성인터넷 시장을 독점하는 것을 막기 위해 중국도 적극적인 정책을 펼치고 있다. 중국판 스타링크 구축이 시작되었다. 새로운 인프라 구축 명단에 위성인터넷을 추가하였다. 국영기업 감독기관인 국유자산감독관리위원회(SASAC)를 통해 저궤도 위성인터넷을 구축하고 운영할 중국위성네트워크그룹(CSNG)을 설립했다. 중국은 국가 네트워크라는 뜻의 '궈왕'이라는 이름으로 저궤도 위성인터넷망을 구축할 계획이다. 스페이스X를 겨냥하여 총 1만2992개의 위성을 발사할 계획이다. 한국은 2023년 스타링크 서비스 개시를 목표로 삼고 있다. 스타링크는 국내에서 사용되는 인터넷 5G 보다 20배 이상 빠를 것으로 예상하고 있다.

기술의 총합 메타버스:
AI, 5G, 빅데이터, 사물인터넷, 클라우드 컴퓨팅, 블록체인, Web3, 자율주행차

III. 빅데이터(Big Data)

빅데이터는 메타버스의 핵심적이고 필수적인 요소이다.

최근 광고 수익에 철저하게 의존하는 페이스북에게 애플이 큰 위협을 가하는 일이 발생했다. 애플이 최근 운영체제인 iOS 업데이트를 하면서 개인정보 보호 강화기능인 '앱 추적 투명성(ATT) 기능'을 추가했기 때문이다. 아이폰 사용자들은 앱을 사용할 때마다 해당 앱의 사용기록 추적 여부에 동의를 할 것인지를 묻는 옵션을 선택해야 한다. 개인정보가 유출되는 것에 민감한 반응을 나타냈던 애플의 아이폰 사용자들은 이번 업데이트에 매우 긍정적인 반응을 나타냈다. 모바일 데이터 분석·광고 회사 '플러리'의 조사에 의하면, 미국 아이폰 사용자 중 4%만이 iOS 업데이트 후

앱 활동 기록 추적에 동의한 것으로 나타났다.

페이스북을 비롯한 카카오, 네이버 등 사용자 위치를 기반으로 하는 SNS(소셜네트워크서비스) 앱들은 이번 애플의 조치에 큰 타격을 받았다. 이들은 앱이 추적하고 수집한 개인정보를 기반으로 타겟 광고를 통한 수익에 크게 의존하기 때문이다. 이러한 고객 정보를 수집하는데 빅데이터 기술이 쓰인다. '빅데이터(Big Data)'란 말 그대로 크고 거대한 데이터란 의미다. 큰 데이터이니 기존의 데이터 처리 방법으로는 감당하기가 어려운 큰 데이터를 얘기한다. '빅데이터'는 '빅 데이터 프로세싱(Big data processing)'의 준말이라고 할 수 있다. 데이터를 중심으로 모든 산업이 재편화 되고 있다.

정치, 경제, 사회, 문화, 과학, 산업 등 전 분야에 걸쳐 빅데이터는 널리 사용되어 그 가치를 인정받고 있다. 우리 일상에서 가장 가깝게 빅데이터가 활용되는 분야는 '웨어러블'시장이다. 우리 신체의 빅데이터를 '스마트워치'를 통해 수집하고 우리의 건강관리에 활용한다. 스마트워치를 손목에 착용하면 워치에 내장된 많은 기능의 센서가 우리의 몸 상태를 체크한다. 동선과 걷기등의 운동량을 측정하여 다양한 데이터를 기록하고 분석한다. 심장박동수 및 심전도를 측정해 이용자의 스트레스 상태나 혈압을 알려주기도 한다. 수면기능은 사용자의 수면동안의 움직임과 심박수를 분석해 수면 상태를 파악한다. 스마트워치의 선두는 애플이 30.1%의 점유율로 1위를 그 뒤로 삼성전자가 10.2%의 점유율로 2위를 차지한다. 다른 빅테크 기업들도 웨어러블 시장에 빠르게 진입하고 있다. 구글과 메타도 스마트워치를 출시할 예정이다.

4차 산업 혁명 이후 누가 많은 데이터를 가지고 있느냐로 성공 여부가 결정되는 패권싸움이 시작되었다. 기술이 융합되고 데이터가 힘이 되는 초연결 초지능 사회가 되었기 때문이다. 메타버스 시대에는 모든 시스템이 정확성을 기반으로 움직이는 디지털 IT 융합 기술을 토대로 구축되므로 데이터에 더욱 의존하는 수밖에 없다. '빅데이터'는 데이터를 가지고 앞으로의 변화를 예측할 수 있는 새로운 기술 혁명이다.

각 분야에서 빅데이터를 효율적으로 활용하면 많은 어려운 과제를 해결하고 업무를 최적화로 운영할 수 있다. 전에는 경험과 생각으로 업무를 파악했다면 이제는 빅데이터를 이용해 정확한 데이터 분석을 통한 업무 파악이 가능하다. 새로운 비즈니스 기회를 발견할 수도 있다. 빅데이터를 활용하기 위해서는 저장장치가 필요하다. 이 저장장치는 클라우드이다. 클라우드는 방대한 양의 데이터들을 효율적으로 관리 할 수 있는 공간이다.

Ⅳ. 클라우드 컴퓨팅 (Cloud Computing)

클라우드 컴퓨팅(Cloud Computing)은
공공시설을 빌려 쓰는 것과 같다.

'클라우드(Cloud)'는 영어로 '구름'이라는 뜻이다. 마치 하늘에 구름이 떠 있듯이 우리가 사용하는 데이터가 우리의 컴퓨터나 미니컴퓨터인 스마트폰에 저장되는 것이 아니라 외부 클라우드 서버에 저장되는 것이다. 클라우드 컴퓨팅이란 인터넷 기반의 가상화된 서버에 프로그램을 두고 필요할 때마다 꺼내어 사용하는 것이다. 예전에는 데이터를 컴퓨터의 하드 드라이브에 저장했으나 클라우드 컴퓨팅 서비스를 이용하면 더 이상 하드 드라이브가 필요하지 않다. 인터넷이 연결되어 있는 어느 곳에서든 서버에 접속하여 서비스를 이용할 수 있다. 대형 클라우드 회사들은 전 세계에 수천만 대의 서버를 운영 중이다.

클라우드 시장은 서비스를 제공하는 ①'클라우드 서비스 제공자(CSP, Cloud Service Provider)'와 관리하고 컨설팅해주는 ②'클라우스 서비스 관리자(MSP, Managed Service Provider)'로 구분한다. 대표적인 '클라우드 서비스 제공자(CSP, Cloud Service Provider)' 기업으로는 AWS, 마이크로소프트, 구글, 애플 등이 있다. '클라우스 서비스 관리자(MSP, Managed Service Provider)' 회사로는 메가존, 베스핀글로벌, 삼성SDS, LG CNS 등이 있다.

 클라우드 서비스 제공자(CSP) 분야에서 압도적인 세계 1위를 차지하는 기업은 아마존웹서비스(AWS, Amazon Web Service)이다. 아마존닷컴의 클라우드 컴퓨팅 사업부이다. 아마존은 전 세계 25개 지역에서 81개의 데이터센터를 운영 중이다. 2022년 16주년을 맞는 초대형 IT 및 클라우드 기업이다. 사람들은 '아마존(Amazon)' 하면 온라인 쇼핑몰 사업만 떠올려 클라우드 서비스를 제공하는 AWS의 파워를 잘 모른다. 넷플릭스, 크래프톤, 모더나, 삼성전자, 한국투자증권, AMD등 세계적인 글로벌 대기업들이 AWS의 고객이다. 'AWS 서버가 잘못되면 전 세계 시장에 혼돈이 올 것이다.' 라고 얘기할 만큼 AWS가 제공하는 클라우드 컴퓨팅의 힘은 대단하다.

 마이크로소프트(Microsoft, MS)의 애저(Azure)가 클라우드 시장 2위로 AWS를 뒤쫓고 있다. 3위는 구글 클라우드 플랫폼(Google Cloud Platform)이 차지하고 있다. 이 외에도 IBM(IBM Cloud), 중국의 알리바바(Alibaba Cloud), 텐센트(Tencent Cloud), 한국의 네이버(Naver Cloud), 카카오 i 클라

우드, KT 클라우드 등이 전 세계 클라우드 컴퓨팅 시장을 선두해 나가는 클라우드 서비스 제공자(CSP) 기업들이다. 클라우드 컴퓨팅을 빌려 쓰는 기업에는 넷플릭스, 유튜브, 쿠팡, 틱톡, 스냅챗 등이 있다. 넥플릭스(Netflix)는 세계 최대 온라인 스트리밍 서비스 기업임에도 불구하고 자체 데이터센터가 없다. 매년 5억 달러의 이용료를 지불하고 AWS 클라우드에 데이터를 저장한다.

클라우드는 어떤 종류의 서비스를 제공하느냐에 따라 크게 3가지로 분류한다. 첫 번째는 '사스(Software as a Service, SaaS)'이다. 내가 필요한 소프트웨어를 인터넷을 통하여 사용한다는 의미이다. 예를 들어 MS Office를 이전에는 돈을 주고 구매했으나 이제는 구글에서 제공하는 구글 오피스를 이용하면 워드, 엑셀, 파워포인트 문서를 웹상에서 만들 수가 있다. 두 번째는 '이아스(Infrastructure as a Service, IaaS)'이고 '서비스로서의 인프라'를 뜻한다. 컴퓨팅에 필요한 네트워크, 스토리지, 전력등 서버 운영에 필요한 모든 것을 클라우드 서비스 제공자가 관리한다. 세 번째는 '파스(Platform as a Service, PaaS)'이고 '서비스로서의 플랫폼'을 의미한다. 가상화된 클라우드 위에 사용자가 원하는 서비스를 개발할 수 있도록 플랫폼 즉 개발환경을 구축하여 제공하는 것이다. 클라우드의 미래는 '사스(SaaS)'에 있다고 말한다.

클라우드의 규모와 성장성은 나날이 커져가고 있다. 많은 분야가 클라우드 인프라 위에서 운영되고 있다. 자율주행자동차, 인터넷, 빅데이터, AR, VR, 인공지능, 사물인터넷 등 이 모든 것들이 클라우드 기반 위에서 돌아가고 있다. 특히 이 모든 기술이 융합되어 만들어지는 메타버스도 클라우드 생태계 위에서 만들어진다. 메타버스는 가까운 미래에 우리의 삶이 된다. 우리가 실생활에서 사용하고 있는 많은 데이터들이 메타버스에서 운영되려면 방대한 데이터를 처리할 수 있는 안정화 된 클라우드 서버가 필요하다. 클라우드 기업의 가치는 이러한 시대의 흐름에 따라 큰 성장을 이루어갈 것이다.

현재 클라우드 시장은 대기업 중심의 중앙화 된 클라우드 생태계이다. IT 전문가들은 이런 방대한 양의 데이터를 중앙화된 클라우드 시스템에서 다 처리할 수 있을까 하는 점을 우려 하고 있다. 최근 탈중앙화 클라우드 생태계를 위해 발명된 새로운 메카니즘 IPFS(InterPlanetary File System) 즉 분산형 파일 시스템 도입이 시도되고 있다. 기존의 중앙화된 클라우드 컴퓨팅이 사용하는 HTTP 방식보다 비용을 60% 이상 절감할 수 있으며 약 30배가 빠른 속도를 만들어 낸다. IPFS는 모든 데이터를 한 서버에 저장하는 것이 아닌 여러 군데로 나누어 분산해 저장하므로 보안성을 높일 수 있다는 장점이 있다. 방대한 양의 데이터를 안전하고 빠

르게 작동할 수 있도록 보조할 수 있는 신기술이라고 전문가들은
얘기한다.

V. 사물인터넷 (Internet of Things, IoT)

사물인터넷은 센서를 지닌 사물들이
인터넷 환경에서 서로 소통을 하는 기술이다.

메타버스는 연결과 소통이 위주로 된 가상세계이다. 이런 면으
로 볼 때 메타버스의 기본적인 개념과 가장 가까운 기술은 초연
결의 역할을 하는 사물인터넷이 아닐까 한다. 빅데터의 정확성이
높아지고 초고속, 초지연의 특성을 가진 5G의 네트워크가 활성
화 되었다. 빅데이터를 저장하는 가상의 공간 클라우드는 차세대
이동 통신 5G 기술 덕분에 인터넷만 연결되면 언제든지 연결되
는 것이 가능하다. 5G와의 융합으로 대용량의 데이터들이 빠르
게 이동할 수 있어 수 많은 기기들이 서로 연결이 가능하게 되었
다. 마치 뼈대로 만들어진 클라우드 컴퓨팅 위에 데이터 분류작
업으로 정제된 빅데이터가 혈액으로 순환되는 인간의 신체의 모
습과 같다. 이러한 첨단 기술력 덕분에 사물인터넷이 우리의 삶

의 일부로 깊숙이 들어 올 수 있는 디지털 기술의 통합이 이루어
진 것이다.

　사물인터넷은 'IoT' 줄임말로 많이 표기하는데 Internet of
Things의 약자이다. 번역하면 사물에 인터넷이 연결되어 있다는
말이다. 인터넷만 연결되어 있다면 사람의 도움 없이 우리 주변
의 사물들이 실시간 정보를 주고받는 것이다. 현실 세계가 가상
세계에 그대로 구현되는 디지털 트윈이 만들어 지기 위해서는 사
물인터넷 기술이 필수적이다. 메타버스에서는 현재 우리 주변에
있는 모든 사물들이 실제 데이터화 되어 가상현실에서 구현이 되
어야 한다. 사물과 사람간의 대화도 가능해야 한다. 우리 주변 가
까이에서 볼 수 있는 가장 쉬운 사물인터넷은 우리가 24시간 함
께 하는 스마트폰이다. 스마트폰을 가지고 콘센트를 켤 수 있고,
조명 밝기도 조절하고, 공기청정기와 에어컨등 전자기기들의 전
원을 제어할 수 있다.

　일상 속에서 변화를 크게 느낄 수 있는 생활 속 사물인터넷의 예
가 '스마트홈'이다. 집안의 가전제품 및 모든 장치를 직접 제어
하지 않고 기기 스스로 주변 환경을 인식하고 작동하게 된다. 사
물인터넷 기술로 가능하다. 아침에 일어나면 커튼이 열리고 TV
나 조명이 자동으로 켜진다. 오늘의 뉴스와 날씨가 안내된다. 스

마트 침대에서 기상하면 간밤의 나의 수면 패턴이 분석되고 나의 컨디션을 체크해 준다. 자는 동안 침대는 나의 자는 패턴에 맞게 침대를 움직여 자세를 바꿔준다. 사물과 사물, 사람과 사물이 서로 연결되어 소통할 수 있는 현상은 이전에는 볼 수 없었다. 스마트홈 시장은 전망이 매우 밝다. 시장조사 기업 스태티스타(Statista)에 따르면 2020년 전세계 스마트홈 시장 규모를 약 104조원으로 추산했고, 2021년 24.6% 급성장한 130조에 이르렀다.

미래의 모습- 지능형 사물인터넷(AIoT)과 자율주행차

우리의 삶에 가장 혁신을 일으킬 기술 두 가지는 '인공지능(AI)'과 '사물인터넷(IoT)'이다. 초지능의 특성을 가진 인공지능과 초연결의 사물인터넷 두 디지털 기술이 만난 '지능형 사물인터넷'이 IT 업계에 초미의 관심사가 되고 있다. AIoT와 자율주행차의 융합은 기대를 모으는 산업이다. 실시간 데이터를 기반으로 트래픽의 흐름을 모니터링 하여 교통 정체를 줄일 수 있다. 완전 자율주행차가 운행되면 도로에서 돌발적으로 발생할 수 있는 상황과 다른 차와의 교차 정보가 중요하다. 교통상황은 예측할 수 없이 시시각각으로 변하기 때문이다.

이러한 서비스는 사물인터넷(IoT)을 기반으로 이루어진다. 메

타버스는 인류가 그동안 발전시켜 온 기술을 융합하는 과정이다. 기술의 복합체인 미래의 자율주행차는 움직이는 컴퓨터가 될 것으로 여겨진다. VR과 AR 기술이 융합된 단순한 이동의 수단만이 아닌 수많은 콘텐츠를 제공하는 메타버스의 공간이 될 것이라고 기대하고 있다. 차 안에서 온라인 콘텐츠를 즐기고 영화를 감상하는 등 휴식을 취하는 것이 가능해진다는 의미이다. 테슬라의 CEO 일론머스크는 미래자동차를 단순 모빌리티 사업으로만 생각하는 것이 아니다. 미래형 자율주행 자동차는 '넷플릭스'와 같은 OTT(Over-the-Top) 온라인 동영상 서비스를 제공하는 '구독형 모빌리티'가 될 것이고 멀티 콘텐츠를 제공할 수 있는 플랫폼 기업으로 보고 있다. 자동차 공간 안에서 우리의 상상을 뛰어넘는 새롭고 다양한 경험을 하게 될 것이다.

"메르세데스 벤츠는 이제 자동차기업이 아닌 소프트웨어 기업이며, 자동차는 궁극의 웨어러블이다."라고 올라 켈레니우스 회장이 말했다. 자동차가 웨어러블이 될 수 있을까? 웨어러블은 사물인터넷이 사용되는 가장 대표적인 제품이다. 손목 밴드, 워치, 반지 등이 스마트폰을 대신할 수 있다. 안경, 모자, 장갑, 신발 등 우리가 착용할 수 있는 모든 것들은 서로 소통이 가능하다. 사람들은 더 이상 스마트폰의 앱에 접속하지 않아도 서비스를 이용할 수 있게 되었다. 일론머스크가 '뉴럴링크' 개발로 뇌에 칩을 삽입하는 프로그램을 테슬라 자동차와 연동하면 우리는 자동차를 착용하는 것과 같은 것이다. 자동차는 웨어러블 기기가 된다.

VI. 블록체인(Blockchain)

블록체인이 일상이 되는 메타버스 세계

블록체인은 '블록(Block)'이라고 불리는 기록된 데이터가 암호화 연결 되어 있는 것이다. 블록체인의 핵심은 거래데이터를 중앙 집중형 서버에 보관하는 것이 아닌 네트워크에 참여하는 모든 사용자가 데이터를 나누어 분산해 저장한다는 것이다. 이것이 '분산 원장 기술' 또는 '공공거래 장부'라고 부른다. 저장된 정보는 수정할 수 없고 추가만 가능하다. 탈중앙화된 블록체인에 다양한 정보를 저장할 수 있다. 화폐 거래, 전자 결제, 디지털 인증, 유통의 전 과정이 추적이 가능하다. 신뢰성이 요구되는 전자투표, 혼인 및 출생 신고, 부동산 등기부, 의료기록 관리 등의 분야에도 활용이 가능하다.

메타버스는 블록체인 위에 만들어지는 생태계이다. 메타버스에서 직업, 생산, 금융거래, 본인인증 같은 현실에서의 업무를 처리할 때 필요한 기술이 블록체인이다. 메타버스에서 이용되는 블록체인 기술은 크게 두 가지로 나뉜다. 첫째는 '대체불가토큰(Non Fungible Token, NFT)'이다. NFT는 디지털 자산의 소유를 증명하는 기술이다. 토큰마다 개별적인 고유한 인식값이 매겨지므로 상호 교환이 불가능한 가상자산이다. 변조나 복제, 대체가 불가능 하므로 디지털 세상에서 하나밖에 없는 '소유권 인증서' 역할을 한다. 게임 아이템이나 예술품, 문서 등 다양한 디지털 저작물에 적용된다.

둘째는 '탈중앙화 신원증명(Decentralized Identity, DID)'이다. 메타버스에서의 중요한 점은 가상세계의 아바타와 현실의 사용자가 서로 연결되어 있다는 것이다. 가상세계의 경제활동이 현실과 연결되려면 그 사람이 본인이 맞는지 확인이 필요하다. 그 사람에 대한 본인인증이 중요해지는 것이다. 만약 예를 들어 삼성 같은 대기업의 임원 회의를 온라인에서 아바타로 진행한다고 가정해보자. 본인인증이 안된다면 경쟁업체의 스파이가 삼성 임원의 아바타로 가장하여 회의에 참여 할 수도 있는 것이다. '분산신원인증(DID)'을 활용하여 아바타가 사용자 본인이라는 것을 인증할 수 있다. 블록체인 기반의 DID는 현실세계와 가상세계를 연결하는 중요한 역할을 한다. 현실세계의 부(富)가 메타버스로 옮겨지고 메타버스의 부(富)가 현실세계로 옮겨질 수 있다.

Ⅶ. 웹3.0 (WEB3.0)

미래의 인터넷 웹3.0은 메타버스이다.

웹1.0

유럽입자물리연구소(CERN)에서 일하던 영국 출신의 컴퓨터과학자 팀 버너스리(Tim Berners-Lee)가 1989년 월드와이드웹(World Wide Web, WWW)을 제안한 후 인터넷은 계속 진화해왔다. 웹 1.0은 1990년 중반부터 2005년 무렵까지 형성된 웹 생태계이다. 웹 1.0 생태계는 '포털(Portal)' 중심으로 이루어졌다. '포털(Portal)'은 '문지방'이라는 의미이다. 포털인 웹브라우저와 전자상거래 사이트 중심으로 비즈니스들이 활성화되었다. 최초의 웹브라우저라 할 수 있는 '야후(Yahoo)'가 1994년 시작된 이후 한국에서는 '다음(Daum)', '네이버(Naver)' 등이 만들어졌다. 웹 1.0시대에는 이메일 계정, 게시판, 카페등을 통해 사용자가 일방적으로 정보를 수용하는 읽기 전용 시대였다.

웹2.0

인터넷의 속도가 빨라지고 웹 2.0의 환경이 되면서 기업들은 '플랫폼' 서비스를 시작했다. 플랫폼은 기차를 타는 사람과 내리는 사람이 만나는 곳이다. 웹2.0시대에서 사용자들은 플랫폼에서 직접 정보를 만들고 남들과 공유도 하면서 참여형 인터넷 시대를 만들었다. 이용자들이 만든 컨텐츠에 대한 소유권이 이용자들에게 존재하지 않고 오직 중앙화된 플랫폼 회사만이 수익을 챙겼다. 이런 과정에서 플랫폼의 힘이 지나치게 커져 회사가 모은 사용자의 개인정보를 팔아서 광고 수익을 얻는 비즈니스 모델이 만들어졌다. 애플의 최고 경영자인 팀 쿡(Tim Cook)은 "당신이 온라인 서비스를 무료로 사용하고 있다면 당신은 소비자가 아닌 제품이다."라고 말한다. 나의 개인정보를 팔아 서비스를 이용하고 있는 셈이다. 이들 기업은 'FAANG'이라 불리는 페이스북, 아마존, 애플, 넷플릭스, 구글이다.

웹3.0

'미래의 인터넷'이라고 불리운다. 웹3.0 혹은 웹쓰리 라고 부른다. 웹3.0은 블록체인 기술에 기반을 둔 탈중앙화된 새로운 인터넷 시대를 말한다. 웹3.0에서는 중앙화된 서버 대신 블록체인 기술 위에서 구동이 된다. 웹3.0은 빅 테크 기업들이 수많은 데이터와 콘텐츠를 자신들의 전유물로 여겨 수익을 독점하고 개인 데이터 유출 및 정보남용이 문제가 되는 웹 2.0에 대한 반발로부터 시작이 되었다. 탈중앙화된 블록체인 기술을 사용하므로 타깃광고나 개인정보 남용에 대한 걱정이 사라진다. 중앙화된 플랫폼 서비스 회사만이 돈을 벌었던 불합리한 웹2.0 과는 달리 개개인이 창작자로 수익을 창출할 수 있다. 웹3.0시대에는 개인들이 창작자로 활동을 하는 경제, 콘텐츠 소비자와 크리에이터가 연결되는 크리에이터 이코노미(Creator Economy) 시장이 활성화 될 것이다. 웹3.0은 가상경제가 메타버스에서 활성화 되기 위한 필수 요소이다.

현대사회에서 인터넷과 스마트폰이 없는 세상을 상상 할 수 있는가? 우리가 사용하는 가장 고도화된 디지털 기기는 스마폰이다. 우리 주변에 이런 고도화된 기술의 스마트폰을 사용하지 않는 사람은 거의 없다. 스마트폰을 사용하면서 수신, 발신이 어떻게 작용하는지, 터치 패드는 무슨 원리로 작동하는지 와이파이, 블루투스, 무선충전이 어떤 식으로 작동이 되는지 이런 기술적인 지식을 다 알고 스마트폰을 쓰는 사람은 거의 없을 것이다. 스마트폰을 신체의 일부처럼 사용하는 '포노 사피엔스'는 이제 디지털 신대륙 메타버스로 이동하여 메타버스에서 '메타 사피엔스'로 살아가게 될 것이다.

디지털 세계와 아날로그 세계를 연결하는 메타버스 세계에서는 많은 융합된 디지털 신기술을 필요로 한다. 스마트폰에 대한 지식이 없어도 용어들을 익히는 것만으로도 사용이 익숙해지는 것처럼 앞으로 메타버스를 살아가야 할 '메타 사피엔스'도 새로운 문명에 익숙해지는 것이 중요할 것이다. AI 같은 첨단 기술에 대해 공포감이나 적대함을 느끼는 것을 '테크노포비아(Techno Phobia)'라고 부른다. 이런 사람들은 새로운 기계를 사용하는 것을 두려워하고 아날로그를 고집한다. 디지털 신세계라는 새로운 시대에 적응하기 위해 우리는 어떠한 태도를 취해야 할까? 디지털 신대륙인 '메타버스'를 어떻게 살아가야 할지에 대한 선택은 우리의 몫이 될 것이다.

메타버스의 유형 및 운영체제 :
증강현실, 라이프로깅, 거울세계, 가상세계

30년 전 닐 스티븐슨의 소설 〈스노크래시〉에서 소개된 메타버스의 세계는 '가상세계'를 바탕으로 했다. '가상세계'는 초기 메타버스를 상징하는 공간 개념이었다. 현재도 많은 사람들이 메타버스를 가상공간 안에서 일어나는 3D 게임 정도로 생각하는 경우가 대부분이다. 메타버스의 정의가 아직은 사람마다 다르고 모호한 면이 있지만 우리가 상상하는 모든 것들이 이루어지는 디지털 경제체제를 갖춘 새로운 세계가 될 것임에는 분명하다. 메타버스는 현재 진행형으로 빠른 속도로 진화하고 있다.

2007년 미국의 비영리 연구단체 '미래가속화연구재단(Acceleration Studies Foundation, ASF)'은 '메타버스 로드맵(Metaverse Roadmap)' 프로젝트를 발표했다. 지금까지는 ASF를 통해 개념화된 정의가 통상적으로 쓰인다. 많은 전문가들은 "'ASF의 메타버스 로드맵'이 가장 체계적으로 메타버스를 정립한 연구다."라고 입을 모은다. 한편에서는 2007년에는 VR과 AR의 기술이 초보자 단계였기 때문에 여기에 관련된 기술이 조금이나마 접목이 되면 메타버스로 분류하려했기 때문에 일부 억지스러운 면이 있다고 말한다.

ASF의 개념은 메타버스를 기술적 관점에서 바라보았다. 인터넷상의 단순한 가상공간이 아닌 물리적 현실세계와 가상세계가 융합되거나 연결된 세계로 정의했다. 그래프의 X축을 기준으로 사용자와 관계를 맺는지(내부, Intimate) 혹은 외부환경을 따르는지(외부, External)에 따라 두 가지로 나눈다. Y축을 기준으로 메타버스 구현 기술이 현실 세계 기반(증강, Augmentation)인지 아니면 가상공간(가상, Stimulation)을 기반으로 하는지에 따라 두 가지로 나눈다. 이에 따라 총 네 가지의 유형이 만들어진다. 증강현실, 라이프로깅, 거울세계, 가상세계다.

증강현실(Augmented Reality, AR)

증강현실(Augmented Reality, AR)은 현실세계의 모습 위에 2D나 3D로 구현된 가상의 이미지를 겹쳐 보이게 하는 기술이다. 증강현실과 가장 헷갈리는게 가상현실이다. 가상현실(Virtual Reality, VR)은 현실인 것처럼 만들어진 가상공간 안에서 활동이 이루어 지는 반면 증강현실(Augmented Reality, AR)은 이용자가 보고 있는 현재의 환경위에 3차원의 가상의 물체가 덧 입혀진다는 것이다. 이를 위해서는 스마트폰, 스마트 글라스 등의 장비를 사용해야 한다. 스마트폰 카메라를 하늘에 비추면 그 위로 날씨와 기온이 자동으로 생성되게 하는 것은 오래전 구현된 증강현실AR 기술이다.

우리는 이미 증강현실 속에 살고 있다. 팀쿡 애플 CEO는 "하루세 끼 식사를 하는 것처럼 AR 경험은 일상의 일부분이 될 것이다."라고 AR증강현실의 대중화를 피력한 바 있다. 최근 스마트폰은 다양한 증강현실 서비스를 제공한다. 증강현실을 응용한 '포켓몬고' 스마트폰 게임이 있다. 포켓몬고 앱을 켜고 스마트폰 카메라를 공간에 비추면 나타나는 포켓몬고를 포획하는 게임이다. 증강현실 앱 서비스로 지도 서비스의 일종인 '스트리트 뷰'가 있다. 스트리트 뷰 증강현실 앱을 내가 가고자 하는 길에 비추면 목적지까지 가는 가상의 방향 화살표가 표시된다.

미국의 대표적인 이커머스(온라인 쇼핑몰) 기업 아마존도 새로운 증강현실 기능을 선보였다. 신발을 가상으로 신어볼 수 있는 서비스를 제공한다. 원하는 제품을 고른 뒤 자신의 발을 스마트폰 카메라로 비추면 어울리는지 확인해 볼 수 있는 기능이다. 아마존은 가구나 소품이 집의 인테리어와 어울리는지 확인해 볼 수 있는 'AR뷰' 서비스도 제공하고 있다. 스포츠 의류 나이키, 화장품 로레알, 가구 업체 이케아, 패션업체 자라, 별자리 이름과 위치를 알려주는 스카이 가이드 앱 등 다양한 분야의 기업에서 온라인 쇼핑 고객들에게 편의를 제공하고 더 많은 소비자를 유치하기 위해 증강현실AR을 이용한 온라인 앱 서비스를 출시하고 있다.

증강현실은 공상과학영화(SF)나 드라마에 자주 사용되었다. 2018년에 방영된 현빈이 주연한 〈알함브라 궁전의 추억〉에서는 콘텍트렌즈를 사용하여 증강현실로 접속한다. 현실세계가 게임 공간으로 바뀌어 가상의 캐릭터들과 싸우는 이야기다. 이 싸움에서 죽으면 현실에서도 죽게된다. 영화 '아이언맨 (2008)', '마이너리티 리포트(2002)', '터미네이터(1984)'등 많은 영화에서 증강현실을 활용하여 데이터가 현실 위에 구현되는 장면을 연출하였다. 그동안 증강현실은 공상과학영화에서나 나올법한 이야기로 여겨졌다. 최근 디지털 기술의 발전 속도를 보면 메타버스에서 현실세계와 가상세계가 실시간으로 영향을 주고 받는 영화와 같은 모습이 가까운 시간 안에 구현될 것으로 전망된다.

라이프로깅(Lifelogging)

라이프로깅(Lifelogging)은 라이프(Life)와 로깅(Logging)의 합성어이다. 로그(log)는 "일지에 기록하다"라는 사전적 의미를 갖는다. 번역하면 라이프로깅은 "삶을 기록한다"는 의미이다. 메타버스에서 라이프로깅은 개인의 신체, 감정, 경험 등을 디지털 데이터 기록으로 남기는 것이다. 라이프로깅의 가장 일반적인 예는 SNS이다. ASF의 정의에 의하면 매일 우리가 사용하는 페이스북, 인스타그램, 유튜브 등의 SNS 모두가 메타버스에 속한다. 사람들은 자신들의 생각, 감정, 생활 전반에 걸친 활동을 하루에도 수없이 SNS 디지털 공간에 기록하고 수많은 사람들과 공유한다. 플랫폼안에서 '댓글'과 '좋아요'를 통해 친구가 되고 서로 대화를 통해 삶을 나누어간다.

 2016년 공개된 넷플릭스의 블랙 미러 시리즈 중 시즌3편 '추락(Nosedive)'은 라이프로깅으로 살아가는 미래의 인류의 모습을 담아냈다. 주인공 레이시가 살아가는 세상은 SNS평점(5점만점)으로 개인의 사회적 지위와 경제력을 결정한다. 평점이 높은 사람들은 모든 사람들의 선망의 대상이다. 주인공은 평점 4.2점에서 4.5 이상의 사람들의 그룹에 속하기 위해 끝없는 노력을 한다. 이러한 투쟁과 같은 노력에도 불구하고 평점을 높이기 위해 친구의 결혼식을 가는 길에 자꾸 꼬여만 가는 상황 속에서 레이시의 점수는 계속 깎이기만 하다 결국 평점 1점대로 하염없이 '추락'한다. 주인공 레이시의 모습을 통해 SNS를 통해 만들어진 현대인들의 피상적인 인간 관계의 모습을 보게 된다. 모든 것이 SNS 점수로 결정되는 세상, 우리의 삶 전체를 SNS 자체가 통제하는 세상은 인터넷으로 모든 것이 통제가 가능한 메타버스의 세상과 가깝게 느껴진다.

개인의 건강과 관련하여 센서가 측정해 낸 데이터가 기록되어 저장되는 것도 라이프로깅에 해당한다. 웨어러블 기기인 애플이나 삼성전자의 스마트 워치를 착용하고 걸음수, 심장박동수, 스트레스 지수, 수면패턴, 맥박등의 데이터가 모여 라이프로깅의 생태계를 만든다. 세계적인 스포츠 기업 나이키는 라이프로깅 서비스를 이용하여 사람들의 세세한 운동기록을 보유하게 되었다. 언택트 환경에서 사람들이 함께 모여 운동하지 못하면서 달리기를 위한 '나이키 플러스 러닝'앱과 운동관리를 위한 '나이키 트레이닝 클럽'의 사용자 수가 큰 폭으로 증가하였다. 나이키는 이렇게 모여진 고객 데이터 분석을 통해 집중할 제품군을 선별했다. 고객들에게 제공한 서비스 덕분으로 온라인 매출이 지난해 같은 기간보다 83% 급증하는 성과를 거두었다.

거울세계(Mirror Worlds)

거울세계(Mirror Worlds)는 '거울'이라는 말 그대로 물질 현실 세계를 그대로 복사하여 디지털화한 가상세계이다. 가상세계는 현실을 기반으로 설계되어야 현실감이 있다. 거울세계의 메타버스는 실제세계의 모습을 얼마나 똑같이 정교하게 구현하느냐가 중요하다. 현실세계와 가상세계, 두 세계가 정확하게 빠르게 동기화 되어야 한다. 대표적인 거울세계는 '구글어스(Google Earth)'이다. 구글어스는 위성 이미지, 지도, 지형, 3D 건물정보 등 전 세계의 지역정보를 제공하는 위성 영상지도 서비스이다. 실제 거리와 건물들을 항공으로 촬영하여 구글 어스 디지털 플랫폼 위에 구현되어 있다. 기술이 더욱 발전함에 따라 거울세계에서 전 세계의 정보를 실시간으로 확인할 수 있을 것이다.

코로나 이후의 언택트의 삶은 많은 변화가 있었다. 우리의 몸은 아날로그에 존재하지만 우리의 생활기반은 디지털 지구로 이전하고 있다. 예전에는 중국집에 전화를 걸어 자장면을 주문했지만 이제는 배달의 민족, 쿠팡 이츠와 같은 배달앱을 통해 간편하게 주문한다. 음식사진, 사람들의 리뷰로 음식의 퀄리티를 보장받고 앱에서 제공하는 할인쿠폰과 적립금도 사용할 수 있다. 음식이 배달되는 과정도 배달앱 지도를 통해 확인가능하다. 구글, 네이버, 카카오지도, 에어비엔비, 줌 등도 거울세계 형태의 플랫폼들이다.

디지털 트윈은 거울세계에 해당한다. 디지털 트윈이란 실제 세상을 디지털 환경에 복제하는 기술이다. 네이버의 자회사인 네이버랩스는 대규모 도시 단위의 디지털 트윈 데이터를 제작할 수 있는 솔루션 '어라이크(Alike)' 모델을 출시했다. '어라이크'의 핵심 기술을 통해 항공사진과 인공지능AI 기술을 활용해 도시 3D 모델, 로드 레이아웃, HD (고정밀 지도)등의 핵심 데이터들을 함께 제작이 가능하다는 것이다. 네이버랩스의 자체 기술력으로 서울시와 공동 작업으로 서울시 전역 605㎢면적에 해당하는 3D 모델과 서울시 2092km 규모의 로드 레이아웃을 자체 제작했다. 네이버랩스 관계자는 "거대한 도시를 대상으로 하는 디지털 트윈을 위해 다양한 분야의 AI 기술력을 고도화 해왔다. 제작 기간을 크게 단축하면서도 정확도는 더 높일 수 있는 네이버랩스의 획기적 솔루션에 대해 국내외 기업 및 단체들의 관심이 매우 뜨겁다."고 밝혔다.

가상세계(Virtual World)

가상세계(Virtual World)는 우리가 메타버스라고 생각하는 가장 일반적인 모습이다. 이 세계는 현실과 유사할 수도 있고 완전히 현실과는 다른 상상의 세계일 수도 있다. 가상세계 안에서 인간은 자신의 아바타를 만들고 아바타를 통해서 가상의 세계와 교류를 한다. 우리가 알고 있는 로블록스, 마인크래프트, 포트나이트 등의 게임 플랫폼이 가상세계이다. 가상 세계의 원조는 '세컨드 라이프'로 알려져 있다. 이전에는 현실의 삶과 별개로 분리가 되어 있었으나 메타버스 세계에서 가상세계는 현실세계와 연동이 되어 가상세계가 현실보다 실제 세계처럼 느껴지는 시대가 왔다.

 가상세계는 크게 두 가지로 구분되어 질 수 있다. 첫째는 나의 모든 의식과 감각이 모두 가상 세계 안으로 들어가는 세계이다. 영화 〈레디 플레이어 원〉을 생각하면 쉽다. 현재까지 구현된 기술로는 조금 더 시간이 걸릴 것으로 예상된다. 둘째는 나의 몸은 현실세계에 있고 컴퓨터나 스마트폰, 플레이스테이션등의 콘솔형 게임기로 접속이 가능한 화면을 통해 가상세계를 경험하는 게임들이다. 실제 같은 가상세계를 구현하기에는 실재감이 많이 떨어지는 출력장치들이나 3D 기술의 발달로 게임의 몰입도가 크게 향상이 되고 있다. 가상현실VR 기기들을 착용하면 이러한 몰입감을 높일 수 있다. 현재 상용화된 가상현실VR 기기는 메타의 오큘러스와 같은 헤드셋처럼 쓸수 있는 '헤드마운티드디스플레이(HMD)'다.

 가상세계에서는 상상하는 모든 것이 가능하다. 현실에서는 이루어질 수 없는 판타지 소설같은 일들이 가상세계에서는 구현될 수 있다. 사람들은 왜 가상세계를 열망하는가? 현실에서는 무언가를 창조하기 위해서는 오랜 시간이 걸리는 경우가 많다. 가상세계에서의 창조는 클릭 한번으로도 이룰 수 있다. 창조를 통해 사람들은 자아실현을 이룬다. 사람들이 가상세계를 열망하는 이유는 더 높은 차원의 자아실현을 이루기 위한 욕구를 위해서이다. 인류의 역사를 보면 인간은 지속적으로 새로운 것을 찾아내고 이루어내는 과정을 반복해왔다. 가상세계의 개척을 콜럼버스의 신대륙 과정과 비교하는 것은 이러한 이유 때문일 것이다.

4가지 형태의 메타버스의 유형 및 특징을 알아보았다. ASF의 메타버스 로드맵은 2007년 메타버스에 대한 정립이 제대로 되어있지 않은 상태에서 분류되었다는 것을 감안할 때는 체계적인 분류라고 보여진다. 기술이 급격하게 발달하면서 현재의 메타버스세계는 이러한 4가지 분류기준의 경계가 허물어지고 기술과 플랫폼이 더욱 확장된 형태이다. 최신 디지털 기술이 융복합되어 메타버스 세계를 만들어 가고 있다. 계속 진화해 가고 있다. 메타버스 신세계 안에서 인류는 진정한 디지털 신대륙의 '메타 사피엔스'의 삶을 살아가게 될 것이다.

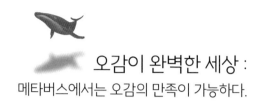

오감이 완벽한 세상 :
메타버스에서는 오감의 만족이 가능하다.

메타버스는 '메타(Meta)'와 '유니버스(Universe)'의 합성어로 현실을 초월하는 세계라고 정의된다. 현실을 초월한다는 것은 무엇을 의미할까? 지금 우리가 사는 현실 세계에서는 경험할 수 없는 것을 초월하여 경험하는 것이다. 현재 우리가 살고 있는 물질세계에서 오감을 모두 온전하게 만족시키기란 사실상 불가능하다. 우리의 외적인 신체는 늙고 병이 들어가며 내적인 감정은 우리가 태어나면서 혹은 살면서 형성된 트라우마나 정신적인 고통으로 '완전한 행복'이라는 감정을 느끼기가 어렵다. 메타버스에서는 '행복', '만족감'이라는 인간의 근본적인 욕구를 디지털 기술로 충족하는 것이 가능하다. 빠르게 진화하는 디지털 기술의 발전은 현실을 초월하는 경험을 가능하게 할 것이다.

〈사피엔스(Sapiens):유인원에서 사이보그까지〉, 〈호모데우스(Homo Deus)〉의 저자이자 역사학자인 유발 하라리(Yuval

Noah Harari) 교수는 "데이터는 오늘날 가장 중요한 자산이기 때문에 데이터를 가진 자가 단순히 인간만 통제하는 것이 아니라 미래의 삶 자체를 통제하게 된다."고 설명했다. "데이터를 이야기하면 무엇을 사고, 어디로 가는지 수준의 데이터를 떠올리지만 가장 중요한 데이터는 인간 생체에 관련한 데이터이다."라고 하면서 "정보기술과 생체기술이 합쳐지면 뇌와 몸속 생체 과정을 전기 신호로 바꿔 컴퓨터가 저장하고 분석할 수 있게 된다. 생체 정보가 충분히 많고 이를 해석할 수 있을 만큼 강력한 컴퓨터 역량을 갖춘다면 나 자신보다 나를 더 잘 알 수 있는 알고리즘을 만들 수 있다."고 강조했다. "당신도 모르는 사이에 파악된 정보는 수십억 달러 가치가 부여될 것"이라고 시사하며 "알고리즘이 나를 더 잘 이해하면 내 욕망을 예상하고 감정을 조절하는 등 나 대신 결정을 내릴 수 있다."고 경고했다.

2018년 개봉된 스티븐 스필버그 감독의 SF 영화 〈레디 플레이어 원, Ready Player One〉은 우리가 앞으로 살게 될 메타버스의 세계를 가장 실감 있게 잘 묘사한 영화이다. SF 영화를 통해 우리는 미래의 모습을 먼저 상상하고 볼 수 있다. 영화 〈레디 플레이어 원〉에서는 메타버스의 기술들을 직접 보여준다. 등장 인물들은 헤드 마운티드 디스플레이(HMD)를 쓰고 아바타로 가상세계에 접속하여 메타버스 세계 안에서 살아간다. 기술이 완전하게 발전한 메타버스의 모습을 잘 나타내준다. 어떤 기술들이 발달해야 〈레디 플레이어 원〉에서 모두가 살기를 꿈꾸는 가상공간 '오아시스(Oasis)' 구현이 가능할까? 〈레디 플레이어 원〉의 '오아시스(Oasis)'에서는 모두가 오감이 만족 되고 행복한 세상을 누리는 것이 가능하다. 디지털 기술의 발전이 인간의 오감과 이에 따르는 감정의 영역에 어떻게 영향을 주는지 알아보자.

"사람들이 '오아시스'를 찾는 것은 무슨 일이든 할 수 있기 때문이지만 여기 머무르는 것은 무엇이든 될 수 있기 때문이다."
 - 영화〈레디 플레이어 원(Ready Player One)〉중에서

센서

메타버스에서 쓰이는 최신 디지털 기술들은 센서를 기반으로 한다. 인간은 오감을 통해 주변의 환경을 느끼고 인식한다. 사물들은 센서를 통해 감각을 전달한다. 센서는 주변의 신호나 빛, 소리, 온도, 압력등의 물리적인 환경 정보의 변화를 전기적 신호로 바꿔주는 기계장치이다. 사물인터넷에서도 매우 핵심적인 기술이다. 센서에서 데이터를 받아서 전달되는 것이다. 센서의 가격이 19년동안 1/4 이상으로 하향되었다. 특히 스마트폰 카메라에 쓰이는 라이다 센서는 5~10년 사이에 300배 이상 가격이 떨어졌다. 스마트폰에는 과거에 비해 더 많은 센서가 들어간다. 한

개의 스마트폰에 약 30개 정도의 센서가 들어가 있다. 애퀴지션 (Acquisition)이라고 하는 데이터를 획득하는 비용이 저렴해진 덕분이다. 저렴한 비용의 데이터 애퀴지션과 5G의 발전으로 정확성이 고도화되고 속도가 빨라져 수 많은 데이터들을 수용할 수 있게 되었다.

 센서는 감각기관에 있어 가장 중요한 엔트리(Entry) 기술이다. 시각·청각·촉각·미각·후각의 오감을 디지털 세상과 아날로그 세상이 소통할 수 있도록 통로가 되는 것이 바로 센서다. 2021년 11월 '메타(Meta, 구 페이스북)'는 사람의 피부 조직과 같이 촉각에 민감하게 반응하는 센서 기술을 발표했다. 카네기 멜론대(Carnegie Mellon University)의 연구진과 협력하여 '리스킨(ReSkin)'을 개발 한 것이다. '리스킨'은 기존 기술보다 촉각 기술 민감도가 뛰어난 매우 미세한 촉감에도 반응하는 센서이다.

 '리스킨 센서'를 장착한 그리퍼(Gripper)는 블루베리를 정교하게 집는데 성공했다. 물체에 따라 힘 조절이 가능하다는 얘기다. 이외에도 강아지 발에 장착한 실시간 감지 센서와 사람이 물체를 자연스럽게 만질 때 가해지는 민감성 실험에서도 성공적으로 모두 민감하게 반응했다. 제작 비용도 저렴하고 스킨이 훼손되어도 바로 대체하여 사용할 수 있어 매우 실용적이다. 앞으로 메타버스 세계에서 다양한 용도로 사용될 것으로 전망된다. '리스킨 센서'는 사람들이 더욱 실감 나는 메타버스의 세계를 경험하는데 큰 기여를 할 것으로 기대된다.

I. 시각

초실감 기술이란 무엇인가?

가상현실의 궁극적인 목표는 현실보다 더 현실처럼 느껴지는 실제 같은 가상의 세계를 구현하는 것이다. 이를 위해서는 우리가 현실에서 보고 듣고 만지는 등의 인간의 오감과 감성이 가상 세계 안에서 현실과 같이 경험되어야 한다. 인간의 오감을 가상 세계에서 실제처럼 느끼게 하려면 기술이 필요한데 이것이 '초실감 기술'이다. 초실감 기술의 발전은 현실감, 현장감, 상호 작용감, 몰입감을 극대화 시켜준다. 초실감 기술에는 가상현실(Virtual Reality, VR), 증강현실(Augmented Reality, AR), 혼합현실(Mixed Reality, MR), 홀로그램(Hologram), 대체현실(Substitutional Reality, SR) 이러한 실감 기술과 미래에 등장할 신기술까지 모두 통칭 되는 확장현실(eXtended Reality, XR) 기술이 있다.

가상세계에서 현실 같은 오감을 느끼기에는 이러한 기술이 아직은 부족한 면이 있다. 메타버스에서 실제감을 느끼는 가장 중요한 요건은 기술이다. 내가 있는 곳이 메타버스인지 현실인지 분간이 안될 정도가 되려면 정교한 시각정보가 필요하다. 눈은 인간이 생활하는데 가장 많이 의존하는 감각기관으로 뇌에서 처리하는 감각 정보의 약 70%가 시각 정보이다. 이런 이유 때문에 메타버스에서 현장감을 느끼려면 시각정보를 실시간으로 전달해야 한다. 이를 위해서는 5G, 빅데이터, 클라우드 시스템, 그래픽 디스플레이 기술 등의 첨단기술이 세밀하게 융합되어야 한다. 우리가 스마트폰을 손쉽게 사용하는 것처럼 접근성이 크게 향상된다면 우리는 XR 기술이 펼치는 새로운 오감 만족의 메타버스 세상을 경험하게 될 것이다. 직접 만나지 않아도 실제로 옆에 있는 것처럼 느껴지는 현실보다 더 진짜 같은 기술이 개발되고 있다.

미래 실감 콘텐츠 기술 :
VR, AR, MR, 홀로그램, SR, XR 기술은
차원이 다른 메타버스를 가능하게 한다.

*VR(Virtual Reality), 가상현실: 실제가 아니나 실제처럼 만들어진 환경이나 상황이다. VR 기기는 주변의 시각적 정보를 차단하기 때문에 가상현실 내에서 온전한 몰입감을 줄 수 있다.

'메타Meta'(구 페이스북)의 CEO 마크 저커버그(Mark Zucker-berg)는 "아침에 잠자리에서 일어나는 순간부터 밤에 잠자리에 드는 순간까지 메타버스에 뛰어들어 상상할 수 있는 거의 모든 것을 할 수 있다."라고 말했다. 페이스북은 VR 기기인 '오큘러스 퀘스트2'를 출시하는 등 VR(가상현실), AR(증강현실)기기 개발에 전력을 다하고 있다. 오큘러스와 같은 고글 형태의 헤드 마운티드 디바이스(HMD, Head Mounted Device)는 메타버스 시대의 필수 웨어러블 기기이다.

'메타'의 메타버스 총괄 임원인 비샬 샤(Vishal Shah)는 "1,000만대 이상의 가상현실VR 헤드셋이 보급되기 시작하면 메타버스의 급격한 성장 시대가 도래할 것"이라고 내다봤다. 메타는 2017년 오큘러스 퀘스트 시리즈를 출시한 이후로 헤드셋의 성능을 지속적으로 업그레이드 시켜왔다. 더욱 가벼운 착용을 위해 무게를 10% 적은 503g으로 줄였고 가격을 299달러(약 39만원)로 거의 원가 수준의 가격으로 하향 조정하였다. 2020년 10월에 출시한 고성능 사양의 오큘러스 퀘스트2는 저렴한 가격 덕분에 한 분기만에 100만대 이상 팔리는 성과를 거두었다.

*AR(Augmented Reality), 증강현실: 완전한 가상이 아닌 현실 세계 위에 가상의 콘텐츠를 오버레이(겹쳐 보이게) 하는 것이다. AR 기기는 가상의 요소들

이 우리 현실 속에 원래 존재하는 것처럼 보이게 하는 기술이다. 가상현실과 일상생활을 동시에 영위할 수 있으므로 스마트워치나 손목 밴드 같은 일상생활용 웨어러블 기기로 사용이 가능하다.

AR 글라스 시장은 빅테크 기업들의 치열한 경쟁이 예상되고 있다. 애플, 마이크로소프트, 구글, 메타, 삼성, LG전자 등 대표적인 글로벌 IT 기업들이 이 시장 경쟁에 뛰어든 상태이다. AR 글라스 시장의 선두주자는 마이크로소프트다. 마이크로소프트(MS)는 미국방부에 미군 전용 특수 AR 헤드셋을 공급하고 있다. 마이크로소프트(MS)는 산업현장 중심으로 헤드셋 형태의 AR글라스를 장악하고 있다. MS는 2019년 11월에 '홀로렌즈2'를 출시했다. 홀로렌즈2는 가격대가 너무 높아 대중화 되기에는 무리가 있어 아직은 기업용 시장을 상대로 한다. 2022년 하반기에 일반 소비자 대상의 AR 헤드셋 글라스를 출시할 예정이라고 밝혔다.

'세계개발자컨퍼런스(WWDC22)'에서 많은 언론과 대중은 애플이 2022년에 공개하기로 한 'N301 스마트 글라스'의 첫 공개를 기대했다. 'N301'은 스포츠 고글 형태가 될 것이라고 알려져 있다. 애플은 사람들의 기대와는 달리 이번에 진행된 행사에서 N301을 공개하지 않았다. 애플은 소프트웨어와 하드웨어를 모두 성공시킨 유일한 기업이다. '애플이 만들면 다르다.' 라는 인식 속에서 애플이 AR 글래스를 통해 어떠한 모습으로 소비자를 스마트 글라스가 추가된 애플 생태계로 빠져들게 할지 기대가 된다.

구글은 2020년 7월에 스마트 글라스 제조사인 노스(North)를 인수했다. 2012년 처음 AR 글래스를 세상에 선보였다가 실패를 맛본 구글은 다시 한번 최고의 발명품을 재현해 낼수 있을 것인가 기대를 모으고 있다. 메타 또한 2021년 9월에 선글라스 업체 레이밴(Ray-Ban)과 협업으로 스마트 글라스 '레이밴 스토리'를 출시했다. 메타의 CEO 마크 저커버그는 "언젠가는 스마트 안경을 쓴 사람이 홀로그램으로 형상화한 친구를 옆에 두고 소파에 앉아 게임을 할 수 있을 것이다. 사람들은 스마트폰을 꺼낼 필요 없이 방향을 찾고 여러 가지 일을 할 수 있게 될 것이다."라고 밝힌 바 있다. 마크 저커버그가 그리는 이 모습이 아마도 스마트 글라스가 향해가는 미래의 모습이 아닐까 한다.

MR(Mixed Reality), 혼합현실: 가상현실(VR)과 증강현실(AR) 두 기술의 장점만을 합친 기술이다. 현실과 증강현실, 가상현실의 요소가 모두 융합된 체험을 제공한다.

여기 한 상황이 있다. 체육관에 아이들이 모두 둥글게 앉아 있다.

갑자기 체육관 한가운데 바닥이 갈라지며 엄청나게 커다란 고래가 솟구쳐 오른다. 고래와 함께 물살과 물거품이 흩어지고 큰 고래의 덩치가 바닷물을 가르는 소리, 그 주위로 작은 물결이 흩어지면서 철썩거리는 소리가 들린다. 체육관에 바다에서 볼 수 있는 고래를 등장시킨 증강현실 영상이다. 이 스토리는 '매직리프(Magic Leap)'라는 혼합현실(MR) 제작 전문 기업이 만들어낸 콘텐츠의 이야기다. MR은 시각적인 효과만 주는 VR, AR과는 달리 청각, 촉각등의 인간의 오감체험을 줌으로써 현실인지 가상인지 구별이 안되는 몰입감 있는 경험을 제공한다. 매직리프(Magic Leap)는 창업하자마자 구글과 알리바바 등으로부터 260만달러(34억원)를 투자받은 스타트업이다.

홀로그램(Hologram) : 홀로그램(Hologram)은 그리스어로 완전함을 뜻하는 '홀로(holo)'와 그림, 메시지, 정보를 의미하는 '그램(gram)'의 합성어이다. 홀로그램(Hologram)은 레이저 광선으로 2차원(2D) 평면에 3차원(3D) 입체를 묘사하여 물체의 표면에 반사 시킨 빛을 통해 어느 각도에서든 3D 입체 영상을 보여주는 기술이다. 홀로그램 기술은 가상현실을 마치 진짜 현실처럼 볼 수 있게 해 준다. 홀로그램은 별도의 사용자 디바이스가 필요 없다. 사물이 가진 고유의 빛의 정보를 홀로그래피 원리를 통해 실제처럼 자연스러운 입체 영상으로 재현한다.

홀로그램 기술은 직접 현실에서 보긴 어렵지만 우리에게 친숙하게 느껴지는 이유가 있다. 홀로그램 기술은 공상 과학 영화에 많이 등장한다. 영화 〈아이언맨, Iron Man〉에서 주인공 로버트 다우니 주니어가 홀로그램을 이용한 연구장면을 볼 수 있다. 영화〈스타워즈, Star Wars〉에서 레이아 공주가 홀로그램 영상을 통해 도움을 요청하는 장면이 있다. 영화 〈킹즈맨, The King's Man〉의 유명한 홀로그램 회의장면이 있다. 전 세계에서 활동하는 요원들을 만나기 위해 AR 글라스를 착용하면 텅 빈 회의실에 홀로그램으로 요원들이 등장하는 장면이다. 이런 홀로그램은 우리 현실에서 정말 필요한 혁신적인 기술이다.

2021년 5월 구글 개발자 행사에서 순다르 피차이(Sundar Pichai) 구글(Google) CEO는 "현재 우리 내부적으로만 사용하고 있지만 매우 기대 되는 제품"이라고 밝힌 프로젝트가 있다. 바로 구글의 스타라인 프로젝트(Project Starline)이다. 사람들의 3D홀로그램을 실제 크기로 투사하는 화상통화 시스템이다. 구글은 스마트 글라스와 같은 웨어러블 기기 없이도 멀리 있있는 사람과 옆에 있는 것처럼 생생함을 느낄 수 있는 방법을 고민해왔다. 스타라인은 3D로 사람을 스캔해 멀리 있는 디스플레이에 순간이동 시켜 구현하는 기술이다. 구글이 공개한 영상에서 사용자는 창문처럼 보이는 곳에 앉아 실물 크기의 3차원

영상의 다른 사람과 자연스럽게 이야기를 나눈다. '라이트 필드 디스플레이 시스템'이라는 하드웨어 기술과 컴퓨터 비전, 머신 러닝, 공간감 오디오, 실시간 압축등 소프트웨어 기술을 총망라 해 3D 이미지를 만들어 내는 것이다. 마치 내가 누군가와 바로 앞에서 이야기하는 것처럼 느끼게 해 준다. '프로젝트 스타라인'을 소개한 순다르 피차이 CEO는 "해당 기술의 사용처는 무궁무진하며, 헬스케어와 미디어 기업과 함께 활용방안을 논의하고 있다."고 했다.

SR(Substitutional Reality), 대체현실 : 대체현실은 사람의 인지 과정이 왜곡되도록 조작하고 가짜 기억을 뇌 속에 심어 가상세계의 경험을 현실에서 실제로 경험한 것처럼 착각하도록 하는 기술이다.

2012년 6월, 일본 이화학연구소 뇌과학 종합연구센터 적응지성 연구팀에 있던 스즈키 케이스케(Suzuki Keisuke)박사, 와키사카 소헤이(Wakisaka Sohei)박사, 나오타카 후지이(Naotaka Fujii) 박사 등이 인간이 과거의 경험을 현재 직면하고 있는 현실로 인식 시킬 수 있는 대체 현실 시스템 (Substitutional Reality System) 을 발표했다. '현실'과 '메타인지' 기능 인식에 관한 연구로써 '데자뷰(duja vu)'와 같은 시간의 착각을 유도하는 것이다. '데자뷰' 란 최초의 체험인데도 불구하고, '왠지 과거에 체험한 적이 있다.'

라고 느껴지는 현상이다. SR 시스템 실험은 이렇다. 체험자에게 지금 일어나고 있는 실시간 장면과 편집된 과거 영상을 타이밍을 적절하게 맞추어 보여준다. 체험자는 과거의 장면이 '현재 이곳에서 일어나고 있는 일'이라고 착각하는 현상을 보인다.

사람은 '나는 이곳에 존재한다.'라는 현실적인 감각을 가지고 있다. 이러한 감각은 오감이 끊임없이 보내오는 '정보'를 기반으로 한다. 만약 오감이 주는 정보를 왜곡하고 컨트롤 할 수 있다면, 현실이 아니지만 현실인 것 처럼 착각을 할 수 있다. 대체현실SR의 특징은 가상현실VR이나 증강현실AR처럼 기기를 사용 하지 않는다는 것이다. 대신 수면 중 뇌에 자극을 주고 꿈을 꾸게 하여 기억을 조작하는 것이다. 증강현실AR 이나 가상현실VR과 달리 이용자는 지금 느끼는 것, 보는 것이 실제가 아니라는 것을 인지하지 못한다.

SF는 그동안의 역사를 거쳐 우리에게 미래에 일어날 모습을 먼저 보여주었다. 영화 〈토탈리콜,Total Recall(2012)〉, 〈인셉션,Inception(2010)〉, 〈13층, The Thirteenth Floor(1999)〉, 〈바닐라 스카이,Vanilla Sky(2001)〉의 공통 주제는 의식, 기억, 꿈이라는 매개체를 이용하여 주인공으로 하여금 시공간을 초월한 상황에서 현실과 가상을 구분하지 못하게 하는데 있다. 이것은 메타버스의 대체현실SR 기술을 반영한 것이다. 대체현실SR 기술은 체험자의 인지 과정을 왜곡하고 무의식을 이용하여 기획자가 원하는 기억이나 경험을 실제 일어난 것으로 착각하게 만든다. 가상과 현실이 구별이 가능한 가상현실VR과는 전혀 다른 개념의 메타버스의 기술 세계이다. 이러한 주제는 SF 영화에 많이 쓰인다. 이전에는 소설이나 공상과학영화등 상상에서나 가능한 일로 여겨져왔다. 최근에는 빠른 기술의 발달로 가까운 미래에 현실화가 가능하다고 예견되어 진다.

XR(eXtended Reality), 확장현실: VR, AR, MR과 같은 초실감형 기술과 미래에 등장하게 될 신기술을 포함한 한 단계 위의 카테고리이다. 현실세계와 가상세계가 상호작용을 이루도록 연결하는 다양한 기술을 통칭한다.

XR 시장은 점차 확대되고 있다. 건설팅 기업 PwC는 XR 시장이 2019년 455억 달러(약 5조 665억 원)에서 2030년 1조 5,429억 달러(약 1,719조 원)로 성장할 것으로 전망했다. 글로벌 빅테크 기업인 페이스북, 마이크로소프트, 구글, 애플, 소니, 삼성 등은 XR 시장을 선점하기 위해 디지털 기술개발에 투자를 아끼지 않고 있다. AR, VR의 시각 기술과 청각, 촉각 기술을 개발하고 있다. 메타(구 페이스북)는 미래 메타버스를 선도할 계획으로 메타버스 XR 기술에 많은 투자를 하고 있다.

메타는 다양한 XR기반 소프트웨어 생태계를 구축하고 있다. 첫째는 '호라이즌(Horizon)'이라는 VR 기반 SNS를 개발중이다. VR 공간에서 나의 아바타로 친구들과 소통하며 게임, 영화등을 즐길 수 있다. 둘째는 '인피니트 오피스(Infinite Office)'이다. 인피니트 오피스는 페이스북 커넥트에서 발표한 가상 사무실 솔루션으로 가상과 실제 현실이 상호작용하는 독특한 시스템 방식이다. 가상 현실은 모니터를 대응하고 실제 현실은 이와 연동하는 물리적 키보드를 연결한다. 로지텍과 협력하여 로지텍 K830 키보드를 가상공간에 호환하여 사용할 수 있다. SF 영화에서나 볼 수 있었던 일이 현실화 된 예시이다.

셋째는 '워크룸(Workrooms)'이다. 2021년 8월에 만들어진 오큘러스 퀘스트(Oculus Quest)2의 VR 소프트웨어 베타버전이다. 페이스북이 출시 전 수 개월간 내부 가상회의에 사용했다고 한다. 자신과 닮은 3차원의 아바타 모습으로 입장한다. 아바타를 표현할 때 자신의 모습과 비슷하게 표현할 수 있다. 현실세계에서 미팅하는 것과 같이 몰입감이 높고 실시간 피드백이 뛰어나다. 자신이 사용하는 책상과 키보드, 컴퓨터 속 화면까지 매핑(Mapping)이 가능하여 실제감을 높인다. CEO 마크 저커버거는 "우리는 물리적인 신호를 바탕으로 어떤 것들을 기억한다. 입체적인 VR 공간이 평소 우리가 원격 회의를 할 때 놓치기 쉬웠던 내용을 더 잘 기억할 수 있도록 돕는다고 믿는다."고 말했다.

 넷째는 '프로젝트 아리아(Project Aria)'이다. 페이스북의 AR 글래스 시제품으로 안경으로 오랜 전통을 자랑하는 이탈리아 룩소티카(Luxottica)의 '레이밴' 브랜드와 협업을 맺었다. 스마트 글래스와 대중성 있는 안경 브랜드의 제휴는 적극적으로 개발이 시작되었다는 신호탄으로 볼 수 있어 의미가 있다. 아직은 완성된 제품이 아니라 입력과 출력, 실제 세계 매핑 등의 기술개발을 위한 테스트의 일부라고 페이스북은 밝혔다. AR 글래스 자체에 중점을 두기 보단 장기적으로 실제 세계와 원활한 상호작용을 위해 어떤 기술이 필요한지 찾기 위한 프로젝트 라고 강조했다.

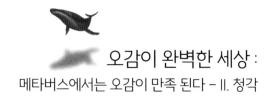

오감이 완벽한 세상 :
메타버스에서는 오감이 만족 된다 – Ⅱ. 청각

소리는 인간의 신체와 행동, 감정에 영향을 준다.

소리는 인간에게 많은 정보를 전해준다. 청각을 통하여 얻은 정보는 시각을 통해 얻은 정보 보다 두 배 빠르게 뇌에 전달된다. 소리는 우리가 알아차리지 못하는 사이, 어느새 우리의 의식과 감정, 우리가 어떻게 결정을 내릴지 등에 커다란 영향을 준다. 듣는 것에 어려움을 겪는 난청 환자들은 우울증과 치매가 걸릴 확률이 높다고 한다. 소리로 유리잔을 깰 수 있다는 것을 들어본 일이 있는가? 파동은 눈에는 보이지 않지만 존재한다. 우리의 귀에 들려오는 소리는 공기 속을 전해오는 파동이다. 사람이 소리를 들을 수 있는 것은 공기가 진동하기 때문이다. 즉 주파수를 가지기 때문이다.

주파수

소리는 파장, 즉 음파(音波)의 형태로 전달된다. 공기의 진동으로 주파수에 따라 구별되어 뇌신경을 통해 중추신경으로 전달되어 소리를 감지한다. 우리는 이 소리로 인해 편안함과 행복감을 느끼기도 하고 혹은 슬프고 불편함을 느끼기도 한다. 공기의 진동으로 감지된 소리가 우리의 귀로 들어오면 뇌에서 반응을 한다. 이 반응은 우리가 감정을 느끼도록 한다. 사람이 들을 수 있는 가청 주파수는 16Hz~20kHz(2만Hz) 사이이다. 파동 주파수는 헤르츠(Hz)단위로 측정된다. 우리 인체의 평균 주파수는 58Hz이며 사람들이 가장 듣기 싫어하는 소리의 주파수 범위는 2000~5000Hz 범위에 있다. 이 범위의 주파수는 대부분의 사람들이 들을 수 없는 영역이며, 이러한 주파수 소리가 계속 발산되는 곳에 인간이 노출되면 심한 두통 등의 반응을 나타낸다는 연구 결과가 있다. 주파수별 청각의 자극으로 인간의 신체는 영향을 받는다. 우리의 귀는 매우 민감한 기관이다.

슈만 공명 주파수 (Shumann Resonance)

1951년 독일 과학자 윈프레드 오토 슈만(Winfried Otto Schumann)은 학생들에게 전기의 원리에 대해 가르치다 지구와 전리층 사이에 형성되는 전기 장력을 계산해 보았다. 마치 맥박이 뛰듯 지구는 7.83Hz 주파수로 진동하고 있다는 사실을 발견했다. 슈만이 이 사실을 발견하기 30년전 독일의 과학자 한스 베르거에 의해 발견된 사실이 있다. 그는 군대 훈련을 받는 도중 말이 갑자기 앞발을 들고 서는 바람에 떨어져 부상을 입었다. 이때 수 킬로미터에 떨어져 있던 그의 여동생이 '자신의 오빠가 위험에 처했다'라는 느낌을 강하게 받고 전보를 급히 보냈다고 한다. 이 일을 계기로 베르거는 인간의 뇌가 발산하는 전기 주파수를 발견하는 실험을 시작하게 되었고 이때 얻어진 주파수의 값이 7.83Hz 였다. 슈만 공명의 지구의 맥박 주파수와 정확하게 같은 숫자 값이었다. 슈만의 주파수와 인간의 뇌에서 파장되는 알파파 주파수와 동일했던 것이다.

 인간의 뇌파는 '①델타파(1~4Hz)-깊은 수면 상태 ②세타파(4~8Hz)-일반 수면 상태 ③알파파(8~13Hz)-심신이 안정을 취하고 있을 때의 뇌파 ④베타파(13~30Hz)-스트레스파, 불안, 긴장 등의 활동파'로 나뉜다. 알파파의 주파수는 심신이 안정된 상태이며 두뇌활동이 활발하여 가장 공부가 잘 되는 상태이고 집중력, 사고력, 기억력이 최고로 향상되는 두뇌 상태이다. 인간의 창의력과 일의 성과도 알파파의 주파수에서 관장한다. 지구 고유의 주파수인 슈만 공명 주파수 7.83Hz에 사람의 뇌파가 공명하면 몸에 좋은 알파파를 생성시킨다는 것이다. 과학자들은 명상을 하고, 늘 긍정적인 마음을 유지하는 것이 지구의 주파수와 파장을 맞출 수 있는 방법이라고 언급한다. 우리의 몸이 슈만 공명 주파수와 가장 가까운 주파수대를 찾았을 때 우리의 신체 감각이 건

강해 지고 질병을 예방할 수 있는 방법이다 라고 얘기한다.

인간이 가장 편안하게 느끼는 소리

현대의 신경 과학자들은 인간의 귀와 감정과 행동이 매우 유기적으로 관계를 맺고 있다고 연구 결과를 발표했다. 소리의 크기를 수치로 표시할 때 사용하는 단위는 데시벨(deci-Bel,dB)이다. 인간을 가장 편안하게 느끼게 하는 소리는 20~30dB 정도이다. 속삭이는 소리는 20dB 이고 벽시계 소리는 30dB의 소리의 크기이다. 활동을 할 때는 60dB 정도의 소리가 적당하다. 사람의 일반적인 대화 소리가 40~60dB이다. 소리가 0dB일때는 오히려 신체나 정신이 너무 이완되어 불안감을 준다. 100dB이 넘어가면 인간은 고통을 느끼고 불안감이 고조된다. 전차가 통과하는 선로 육교 밑의 소음 정도가 100dB이다.

무기로 사용되는 소리

2016년부터 쿠바 주재 미국 외교관들은 뇌 손상과 청력 손실, 메스꺼움, 두통, 이명등의 원인을 알 수 없는 증상에 시달렸다. 지난 2018년 5월 중국 주재 미국 대사관 직원들도 쿠바 대사관 직원들과 비슷한 증상을 호소했다. 이러한 이상한 증상들에 대해 쿠바 측에서 음파를 이용한 음모일 수 있다는 가능성이 제기되었다. 쿠바나 중국에서 도청하는 과정 중 극초단파(Microwave)를 발사했을 수도 있다고 일부 전문가들은 주장했다. 미 국립과학공학의학원(NASEM)의 19명 전문가들은 "국무부 요청으로 진행한 조사 결과, 쿠바 아나바와 중국 광저우 및 상하이 주재 미 대사관 직원이 겪은 신경계 증상이 극초단파 무기 공격 때문일 가능성이 높다."고 밝힌바 있다. 극초단파는 전자레인지에 활용되는 짧은 파장의 전파다. 이러한 전파를 이용하여 인류를 파괴하는 모습은 SF 영화에서도 볼 수 있다.

미국의 베스트셀러 작가 '스티븐 킹'의 원작 '셀(Cell)'을 바탕으로 한 영화 〈셀:인류 최후의 날, Cell(2016)〉과 〈킹즈맨: 시크릿 에이전트, Kingsman: The Secret Service(2014)〉는 스마트폰에서 방출되는 특정 통신 주파수가 인류를 파괴한다는 내용을 배경으로 한다. 두 영화에서 누군가가 스마트폰을 통해 무차별하게 전파를 흘려보내어 사람들의 생각, 감정, 행동을 조종하고 이성을 잃게 한다는 이야기의 설정이다. 스마트폰의 전자파를 통해 인류를 통제하고 결국에는 인류를 멸망시키는 도구로 그렸다. 스마트폰은 우리의 삶에 있어 없어서는 안될 도구가 된지는 오래되었다. 스마트폰이 우리의 삶을 흥하게도 망하게도 할 수 있다는 이야기다. 2017년 '한국방송통신전파진흥원'은 "장시간 휴대전화를 사용하는 것은 뇌파 중 베타파를 자극해 스트레스와 불안, 근육 긴장, 편집증, 불면증 등 부정적인 영향을 줄 수 있다."는 연구 보고서를 발표했다.

청각실감기술 : 현실 같은 메타버스는 소리가 좌우한다.

메타버스에서 실감나는 사운드는 몰입감을 증대시키는 역할을 한다. 현실 같은 가상세계를 경험하기 위해서는 시각 영상효과 만큼 음향효과가 주는 영향이 크다. 우리가 대형 영화관에서 영화를 볼 때 느끼는 3차원(3D) 입체 음향 기술을 '공간 음향(Spatial Audio)기술'이라고 부른다. 누가 뒤에서 나를 부르면 뒤에서 소리가 나고, 저 멀리서 사람이 걸어오면 진짜 다가오는 소리처럼 들리고 낙엽이 바람에 스치고 지나가면 실제 내 옆에서 바람이 불어 낙엽이 날려가는 듯 느껴진다. 공간 음향은 소리가 앞 뒤에서 들릴뿐 만 아니라 위와 아래의 소리, 앞으로 퍼져나가는 소리까지도 미세하게 구현해주는 입체 사운드이다. 청취자에게 입체 음향을 전달하여 공간 감각을 느끼게 해 준다. 공간 음향은 메타버스를 실현하는데 필수적인 오디오 기술이다.

'애플(Apple)'은 공간음향 시장의 선두자이다. 애플의 공간 음향 기술은 전 세계에서 가장 발달한 것으로 알려져 있다. 공간음향을 적용한 대표적인 제품은 애플의 에어팟 프로와 에어팟 프로 맥스이다. 애플의 기술로 사용자의 머리 움직임을 감지 할 수 있게 하고, 사용자의 방향과 위치를 파악할 수 있게 만들었다. 이용자의 움직임에 따라 가속도계와 자이로스코프로 감지한 주파수를 정밀하게 조절하여 입체감과 공간감이 살아있는 실감있는 소리를 지원한다. 넷플릭스, 아마존, 왓챠 등의 온라인 동영상 서비스(Over-the-Top, OTT 서비스)에서도 공간음향 기술을 느낄 수 있는 돌비 애트모스(Dolby Atmos)기술이 적용된 영화 감상이 가능하다. 이외에도 디즈니 플러스(Disney+)부터 피콕(Peacock), HBO 맥스(HBO Max)등 해외에서 인기 있는 OTT 서비스도 많은 컨텐츠에서 공간음향을 지원하고 있다.

코로나 19으로 많은 콘서트가 취소가 되면서 메타버스 공간에서 열리는 '메타버스 콘서트'에 높은 관심이 쏠리고 있다. 2020년 4월 '포트나이트'에서는 래퍼 '트래비스 스콧(Travis Scott)'의 콘서트가 열렸다. 공연장에서 트래비스 스콧의 거대한 3D 아바타가 출현해 랩을 했고 그의 손짓에 따라 화면 속 공연장의 모습이 변하는 등의 볼거리가 제공되었다. 관객들은 아바타로 함께 춤사위를 하며 실제 현장 콘서트와 같은 공연을 방불케 했다. 가상현실의 콘서트에는 2,770만 명 이상의 사용자가 참여하였고 최대규모의 공연이 되었다. 비대면 문화의 확산으로 메타버스는 공연계에서도 큰 역할을 할 것으로 기대하고 있다.

앞으로 더욱 활성화될 메타버스 콘서트에 가장 중요한 핵심 요소는 오디오 시스템이라고 할 수 있다. 공간감과 반사음이 반영된 VR 음향은 이용자들이 실제 콘서트장에 있는 듯하게 느끼게 해 준다. 가상공간에서 듣는 사운드가 현실공간에서 듣는 것과 같은 실재감을 주려면 'Being There'(사용자가 가상의 공간에 실재하는 것) 혹은 'Being Here'(가상의 공간이 사용자의 실제 공간에 재현된 것과 같은 것)의 경험이 재현되어야 한다.

2015년 설립된 가상현실 오디오 기술 스타트업 '가우디오랩(Gaudio Lab)'은 가상현실에서도 실제와 같은 느낌을 주는 음향 기술 'BTRS', '바이노럴 렌더링 기술' 등을 개발했다. 이태규 가우리오랩 CTO는 "VR 콘서트에는 BTRS(Being There Recreate System)음향 기술이 적용된다"며 "소리의 공간감과 반사음을 반영해 직접 그곳에 있는 것처럼 느껴지도록 하는 기술"이라고 설명했다. "바이노럴 렌더링 기술은 현실 세계 소리와 거의 구분이 안 될 정도로 정교한 소리를 구현하며 이 기술로 가상에 있어도 사람들은 현실인 것처럼 느낄 수 있다. VR(가상현실) 메타버스 시대에 필요한 음향기술"이라고 설명했다.

오감이 완벽한 세상 :
메타버스에서는 오감이 만족 된다 – Ⅲ. 촉각

메타버스에서 피부로 느끼는 촉감은 생생함을 전달한다.

터치 욕구의 만족은 몰입감과 실재감을 높인다. 예전 TV 광고 중 TV 브라운관 안으로 손을 넣어 TV 화면에 나오는 사람을 손으로 잡는 장면이 있었다. 그만큼 TV 화면에서 보이는 사람이 바로 앞에 있는 것처럼 실제감을 느낄 수 있다는 내용이었다. 인간은 어떤 물체나 대상을 만져보고자 하는 욕구가 있다. 박물관이나 물건을 파는 매장에 가면 '만지지 말고 눈으로만 보시오'라고 쓰여 있는 안내문을 종종 볼 수 있다. 필자는 예전에 베이커리를 운영했었는데 빵을 꾹 눌러 보는 고객들이 있어 골치를 썩은 기억이 난다. 사람은 어떤 대상에서 촉감을 느껴보기를 원하는 '터치(Touch)'의 욕구가 있다. 무언가를 만지고 접촉하고 느끼려 한다는 의미이다.

2000년대 들어 소비자행동 분야에서는 '터치에 대한 욕구(Need for touch)'라는 개념이 생겨났다. 24시간 우리의 생활 속 전반에 깔려 있는 사람의 근원적인 욕구이다. 무언가에 접촉하여 받는 느낌은 다른 오감의 감각과 상호작용을 일으켜 다른 감각의 느낌을 증가시킨다. 눈으로 보았을 때 좋아 보이는 물건을 만져보았을 때 촉감이 좋다면 '좋다'라는 감정은 배가가 되는 것이다. 이것은 촉각에 의한 시각 상승효과이다. 사람들은 관계 안에서도 터치를 중요하게 여긴다. 온라인에서의 만남보다 오프라인의 만남이 더욱 친근하게 느껴지는 것은 서로 간의 실제적인 접촉이 유대감과 친밀감을 높이기 때문이다. 온라인 쇼핑 시에도 직접 만져볼 수 있다면 소비자의 구매율은 훨씬 높아질 것이다. 이것을 '구매 전 터치(Prepurchase touch)' 욕구라고 한다.

촉각도 착각일 수 있다.

고대 그리스의 수학자이자 과학자, 철학자인 아리스토텔레스의 착각(Aristoteles' Illusion) 이론이 있다. 피부에 뭔가에 닿았을 때 피부에서 촉각을 느끼게 된다고 인식하는 것이 일반적인 생각이다. 촉각을 느끼는 과정을 살펴보면 피부나 피부 안쪽의 감각 수용기가 자극을 감지하고 그 신호를 척수로 보내어 뇌로 전달되면 우리는 피부에 감각을 느낀다. 아리스토텔레스는 '촉각 착각 현상'을 최초로 발견해 내었다. 촉각 착각 현상은 손가락을 교차

하여 하나의 물건을 동시에 만지면 감각이 2개로 느껴져 2개의 물건을 만지는 것처럼 느껴지는 착각이다.

 우리도 아리스토텔레스가 진행한 간단한 실험 하나를 함께 해보자. 먼저 눈을 감고 가운데 손가락과 집게손가락 각각의 손가락으로 코나 펜과 같은 둥근 물건을 만진다. 이 느낌을 잘 기억한다. 이번에는 두 손가락을 X자로 교차시켜 두 손가락 끝으로 물체를 동시에 만져본다. 마치 두 개의 다른 물체를 만지고 있는 느낌이 든다. 인간의 뇌는 물체를 만지는 과정에서 손가락을 꼬았다는 사실과 두 손가락이 각기 다른 면으로 하나의 물체를 만질 수 있다는 사실을 미처 고려하지 못하기 때문이다. 아리스토텔레스의 착각 이론이 논하는 것은 '피부는 감각기관이 아니라 감각의 중간 매체이며 촉각을 느끼게 하는 감각기관은 몸 안에 있다'라는 것이다.

　　　　　신체소유감은 실재감과 몰입도를 더 높인다. '신체 소유감(Body Ownership)'이란 신체가 나에게 속해 있다는 느낌이다. 신체 소유감은 인간이 가질 수 있는 매우 특별한 감각이다. 가상현실에 접속 했을 때 신체 소유감의 감각이 있기 때문에 우리는 마치 우리의 몸이 가상 현실에 있는 것과 같이 느끼게 된다. 신체 소유감을 이해 할 수 있는 가장 대표적인 실험이 하나 있다. '고무손 착각(Rubber Hand Illusion, RHI)' 실험이다. 피츠버그 대학 정신과 의사인 매튜 보트비닉(Matthew Botvinick)과 조나단 코헨(Jonathan Cohen)이 1998년에 발표한 연구이다.

먼저 한 쪽 손을 테이블 위에 올리고 보이지 않도록 가려준다. 그 옆에 고무손을 하나 올려놓고 참가자의 눈은 고무손을 보게 한다. 숨겨진 실제 손과 고무 손을 붓으로 동시에 쓸어 내릴 때 참가자는 자신의 고무손이 자신의 손인 것처럼 느낀다. 이와 같이 다른 사물이 자신의 몸으로 착각 되는 현상을 '고무손 착각'이라 한다. 참가자들의 뇌를 스캔한 결과 과학자들은 뇌의 전운동피질이 활성화되어 착각을 유발된 것임을 확인했다. 전운동피질은 감각기관의 정보를 받아 '내 몸'이라는 감각을 형성시킨다. 뇌가 눈에 보이는 고무손이 나의 손이라고 착각하게 만든 것이다. 우리가 무엇을 의식하고 있느냐가 실재가 아닌 뇌가 믿는 것이 우선인 것이다. 우리의 눈은 뇌를 속일 수 있다.

디지털화된 첨단 촉각 기술로 감각을 전달하다.

메타버스 세계에서도 실제로 촉감을 느껴보지 않으면 실감이 나지 않을 것이기에 진짜 같은 촉감을 느끼게 해줄 많은 장비들이 개발되고 있다. 이 분야 연구자들은 '햅틱스(Haptics)' 기술을 연구하고 발전시키는데 '촉각 착각(촉각 일루전)'에 대한 이해가 필요하다. 햅틱스는 촉감에 대해 연구하는 학문이다. 메타버스 안에서 내가 키우는 강아지를 실제로 만져볼 수 있다면 사람들은 어떠한 반응을 나타낼까? '햅틱 기술'로 메타버스 안에서 물체를 실제로 만지는 것이 가능하다. 영화 〈마이너리티 리포트〉에서 주인공(톰 크루즈 분)이 모션을 인식하는 햅틱 글러브를 착용하고 허공에서 손짓하며 가상현실상에서 자료를 찾고 정보를 입력하는 모습이 무척 인상적이다. 영화가 그린 미래의 모습이 현실에 가까워지고 있다.

햅트엑스

'햅트엑스(HaptX)'는 미국 캘리포니아에 위치한 가상현실 전문업체이다. VR에서 촉감을 구현할 수 있는 '햅트엑스 글로브(HaptX Gloves)'를 개발하였다. 사용자는 가상현실 속의 감촉을 실제와 같이 느낄수 있다. 서랍을 열고 펜을 쓰고 고양이를 쓰다듬을 때의 손끝의 감각이 느껴진다. 햅트 엑스는 홍보영상에서 '떨어지는 빗방울과 바람에 흔들리는 갈대, 갓 구워낸 따뜻한 커피 원두를 손바닥 가득 집어 올리는 느낌까지 생생하게 느낄 수 있다'고 소개한다. 햅트엑스의 창업자이자 CEO인 제이크 루빈은 "햅트엑스 장갑을 사용하면 자동차 및 우주 항공 업계의 선도 기업들이 자동차를 제작하기 전에 차량에 손을 대고 상호작용할 수 있으므로 반복적인 설계에 소요되는 시간과 비용을 대폭 절감할 수 있다"고 언급했다.

테슬라수트 & 글로브

영화 〈레디 플레이어 원(Ready Player One)〉에서 주인공이 게임 미션에서 번 돈으로 구입한 'XR전신 슈트'를 실제로 구입이 가능해졌다. 전신 햅틱 슈트는 손을 제외한 몸통, 다리, 팔 등의 신체부위에 촉감을 전달해 줄 수 있다. 햅틱 글로브처럼 정확하게 감각을 전달하기 보다는 메타버스 내의 환경의 느낌을 착용자에게 구현하여준다. 영국의 '테슬라수트(Teslasuit)'는 현재 이 분야를 가장 앞서 나가고 있다. '테슬라수트'는 햅틱장치뿐 아니라 모션캡처, 촉각, 온도 재현 기능이 탑재되어 있다. 현재 판매가격은 5000달러 (약 650만원)로 대중화 되기에는 가격적인 면에서 어려움이 있다. 현재 테슬라수트는 스마트 팩토리, 우주비행사, 소방 훈련 등 다양한 분야에서 활용되고 있다. '테슬라수트의 햅틱 장갑' 또한 대표적이다. 손가락 부위마다 9개의 질감용 디스플레이가 배치되어 있다. 전해지는 충격을 실제처럼 느끼게 해주는 '힘 피드백(Force Feedback)' 장치가 함께 달려 있다. 섬세한 질감보다는 단단함의 정도와 물건을 잡았을 때 느껴지는 저항을 느끼는 감각에 집중하고 있다.

메타의 헵틱 장갑

메타(Meta, 구 페이스북)의 리얼리티 연구소(Reality Labs)에서는 VR에서 촉감을 느낄 수 있는 장갑을 공개했다. 장갑을 착용하고 가상 현실속에서 다른 사용자와 악수를 하고 함께 젠가 게임을 하는 등의 현실에서나 가능했던 감각을 느끼거나 다른 사람과 상호작용 활동을 하는 것이 가능하다. 장갑에는 '액추에이터(Actuator, an air pocket, 아주 작은 모터)'라는 작은 공기주머니가 달려 있다. 기존에 출시된 방식의 딱딱한 액추에이터는 장갑이 무겁고 열 발생량이 높아 실감나는 촉감 구현이 어려웠다. 메타는 유연한 액추에이터 개발에 몰두하여 굉장히 빠른 속도로 반응하는 액추에이터 개발에 성공했다.

메타는 물체의 질감에 특히 많은 개발 노력을 하고 있다. 가상의 물체가 나무인지 고무인지 만져서 미묘한 촉감을 구분할 수 있도록 연구 개발 중이다. 기존의 타사의 제품들이 집중하는 '물체를 잡는 감각'은 시각, 청각을 통한 '공감각적인(Multisensory)자극'을 통해 충분한 구현이 가능하다고 강조한다. 메타는 공감각적인 자극 구현이 가능하게 할 수 있는 모든 요소를 오래전부터 집중 연구해왔다.

텔레햅틱(Telehaptics) : 촉감으로 소통하다.
'텔레햅틱 (telehaptics)'이란 먼거리에서 물체를 만져도 촉감을 느낄 수 있는 기술이다. 멀리 떨어져 있다는 뜻의 '텔레(Tele)'와 만진다는 의미를 가진 그리스어(haptesthai)에서 유래한 '햅틱(Haptic)'을 합친 말이다. 영화 〈레디 플레이어 원〉에서 가상현실 속 등장 인물이 주인공을 터치하자 현실에서도 똑같이 느껴지는 장면이 나오는데 이것이 '텔레햅틱' 기술이다.

한국전자통신연구원(ETRI)은 '텔레햅틱' 원천기술을 개발했다. ETRI에서 개발한 텔레햅틱 기술은 최대 15m 떨어진 거리에서도 금속이나 플라스틱, 고무의 촉감과 질감을 느끼는 것을 가능하게 한다. 연구진은 "촉각 디스플레이를 훨씬 고도화시켜서 시각장애인들한테 도움을 줄 수 있을 것으로 기대를 하고 있다."고 말했다. 연구진은 서로 다른 나라에 있는 애완견을 쓰다듬을 때 털의 부드러움까지 느낄 수 있는 기술 개발에 도전하고 있다. 2019년 에릭슨에서 발표한 'Internet of Sense' 보고서에 따르면 2030년 정도에는 스마트폰 화면에 보이는 물건의 촉감을 느낄 수 있을 것이라고 한다. 온라인 쇼핑을 하면서 기기에 보이는 옷의 질감을 느낄 수 있는 날이 머지 않은 것 같다.

공중햅틱기술 : 만지지 않고 촉감을 느끼다.
'공중 햅틱 기술'이란 공기 중에 있는 초음파를 활용해 직접 만지지 않고도 촉감을 느끼는 방식이다. 공중에서도 손을 감지할 수

있고 터치 감각도 만들어 낸다. 코로나19 이후 언택트 문화가 사회의 주류를 이루고 있는 시점에서 비 접촉 기술은 메타버스발전에 큰 영향을 미칠것으로 기대된다. 대표적인 공중 햅틱 기술 전문 개발 기업인 영국의 울트라리프(Ultraleap)는 VR 기기에 연동된 핸드 트래킹 기술(손 추적 기술)을 연구하는 스타트업이다. 가상현실 속의 물건과 상호작용을 원활히 할 수 있는 핸드 트래킹 기술(손 추적 기술)을 개발하는 것이 이들의 목표이다. 2021년 11월 6000만 파운드(약 955억원)의 펀딩을 확보했으며 특히 중국의 거대 IT 기업 텐센트에서 3500만 파운드(약 593억원)의 투자를 받았다.

최근 자율주행차가 화두로 떠오르며 'DS 오토모빌'과 협업을 진행하였다. 'DS 오토모빌'이 2020년 2월에 공개한 DS 에어로 스포츠 라운지(DS Aero Sport Lounge)콘셉트카에 울트라리프의 햅틱 피드백 기술을 사용해 운전자가 터치스크린을 사용하는 빈도수를 줄였다. 카셰어링시 다른 사람이 터치 했을지도 모르는 터치스크린을 직접 손대지 않고도 공중에서 손의 제스처만으로도 자동차의 기능을 작동시킬 수 있어 운전자들이 안전하게 느낄 수 있다. 앞으로는 자율주행차와 함께 '언택트 카'의 등장이 기대된다. 울트라리프 관계자는 "물리적 세계와 디지털 세계 사이의 경계를 없애는 것이 우리의 사명이다."라고 말했다.

오감이 완벽한 세상 :
메타버스에서는 오감이 만족 된다 – Ⅳ. 후각 · Ⅴ. 미각 · Ⅵ. BCI

후각의 경험이 더해지면 메타버스를 더욱 실감나게 만들어 준다.

현재 메타버스에서 VR(가상현실) 기기를 통해 시각, 청각, 촉각의 감각을 사용자에게 전달하는 것은 어느 정도 구현이 되어있고 계속 발전해 가고 있다. 메타버스에서 후각과 미각의 구현은 가장 고난도의 기술이다. 후각과 미각을 메타버스에서 현실 감각 그대로 재현해 낼 수 있다면 그때는 오감을 만족하는 차원이 다른 리얼 메타버스 세계가 열릴 것이다. 많은 전문가들이 오감 모두를 전달할 수 있는 감각 기술을 발전시키기 위해 노력하고 있다. 각자의 아바타들이 메타버스에서 오감이 모두 만족 되는 '리얼 메타버스' 세계가 열리기 위해서는 감각기술 개발이 더욱 빠르게 이루어져야 한다.

몇 년 전 미국 시애틀 공항에 내렸을 때 감명 깊었던 것은 곳곳에 짙게 깔린 시애틀의 커피향을 맡을 수 있었던 것이다. 이때 맡

앉던 커피향은 여행에 대한 설레임을 더욱 높여주었다. 뿐만 아니라 그때의 기억은 지금도 시애틀을 기억나게 하는 커피향의 추억으로 남아있다. 이렇게 과거의 기억이 냄새를 통해 되살아나는 경험을 '프루스트 효과'라고 부른다. 냄새가 뇌를 자극하여 과거의 기억을 떠올리는 것이 어떻게 가능한가? 냄새를 관장하는 후각신경이 뇌 속에서 감정, 기억을 담당하는 대뇌 피질로 정보를 보내며 자극하기 때문이다.

만약 메타버스 속 여행을 간 공간에서 후각의 경험을 할 수 있다면 메타버스의 경험을 훨씬 실감나고 즐겁게 만들어 줄 것이다. 현재 구현되는 기술은 시각적인 장면과 매칭이 되는 향기를 맡을 수 있게 하여 사용자가 좀 더 실감나게 느끼게 하는 기술이다. 예를 들어 메타버스에서 커피를 마시는 장면이 나올 때 원두의 향기를 맡게 되면, 사람들도 필자처럼 자신이 가지고 있는 커피향의 추억을 떠올리며 메타버스 세계를 더욱 즐기게 될 것이다. 메타버스 속에서 찾아간 지중해 바다와 코끝에서 맡게 되는 시원한 바다향을 상상해보자. 메타버스의 여행에 현장감이 더해져 메타버스 속 여행수요는 점점 높아질 것이다.

향기의 중요한 역할
어느 백화점이건 1층에는 화장품 · 향수매장이 입점 되어있다.

향기마케팅 전략이다. 백화점에 들어서자마자 맡게 되는 좋은 향기는 소비자들의 기분을 좋아지게 만들고 구매 충동을 높인다. 라스베가스 도시에 도착하면 어느 호텔에서나 맡게 되는 특유한 향이 있다. 사람들이 카지노에서 슬롯머신의 이용을 더욱 높이도록 제작된 향을 맡게 하는 것이다. 이외에도 향기를 활용하여 브랜드의 선호도를 높이거나 소비자의 소비 욕구를 높이는 예는 수없이 많다. 향기는 치유 효과도 뛰어나다. 아로마테라피는 마음을 치료할 뿐 아니라 신체의 병도 치유하는 효과가 있다. 우울증 치료나 각종 암 치료 등에도 아로마테라피가 쓰인다.

72세의 나이에 25세의 청년에게 청혼을 받은 여왕이 있다. 헝가리의 엘리자베스 여왕이다. 여왕은 '헝가리 워터'라는 향수를 늘 사용하였고 고혹적인 아름다움과 향기를 풍겼다고 하는데 이 향기 덕분에 72세의 나이에 25세의 폴란드 국왕에게 청혼을 받은 것이다. 향기에는 눈에 보이지 않는 힘이 있다. 환자들의 체취를 통해 병을 진단하는 일이 가능하다. 한 간호사가 자신이 일하는 병원에서 맡았던 파킨슨 치매 환자의 냄새가 자신의 남편에게서도 동일하게 나는 것을 발견하게 되었다. 여러 테스트를 거쳐 그녀의 말이 입증되어 치매 환자들에게서 나는 특이한 냄새를 추출하여 2019년 국제 학술지 'ACS 센트럴 사이언스'지에 발표하였다.

후각을 위한 발향 장치

한국전자통신연구원(ETRI)의 감성인터랙션연구그룹에서는 HMD(Head Mounted Display)를 통해 경험하는 VR 속의 영상의 내용에 맞는 향을 내보내는 장치를 개발하였다. 영상에 맞는 향의 농도와 종류 등을 조정할 수가 있다. HMD에 장착된 발향장치가 영상의 시간에 맞춰 향기의 분사의 흐름을 조절한다. 현재의 기술로는 커피, 오렌지, 장미와 같은 향을 자동으로 내 보낼 수 있다. 후각은 시각이나 청각과는 달리 향을 정확하게 측정하는 것이 어려울 뿐 아니라 정형화 시키기가 어려워 연구의 개발이 빠르게 진행되기가 어려운 부분이다. 시간을 맞춰 냄새를 전달하고 원하는 냄새를 정확하게 느끼게 하는 것은 아직 많은 연구 개발을 필요로 하는 부분이다.

V. 미각

메타버스에서 미각을 기기로 구현할 수 있다.

오감이 모두 만족 되는 리얼 메타버스

메타버스 여행은 코로나로 멀리 떠날 수 없는 상황에서 매우 매력적인 분야로 떠오르고 있다. 제페토 월드에서 가장 유명한 공간은 한국관광공사가 만든 '한강시민공원'이다. 이곳에 전 세계인 700만명이 넘게 방문했다고 한다. 코로나로 밖에 나갈 수 없었던 사람들은 한강시민공원에 핀 벚꽃을 보며 수상택시를 타고 한강을 한 바퀴 돌며 힘든 마음을 달래었다고 한다. 필자는 미국에 있을 당시 미국 캘리포니아 나파밸리(Napa Valley)에 있는 와이너리 여행을 다녀왔는데 가끔 그때 마셨던 와인과 와이너리의 풍경, 햇살의 추억에 잠기곤 한다. 이런 여행이 메타버스에서 가능할까? 모든 것이 디지털화된 첨단기술의 세계의 메타버스라면 가능할 것이다. 현실처럼 느껴지는 가상의 여행이 가능하다면 바로 여행 티켓을 끊을 것 같다.

메타버스의 여행을 떠난다고 가정하고 상상해보자. 우선 미국 캘리포니아의 나파밸리(Napa Valley) 와이너리로 출발하는 투어 트레인을 탄다. 여러 군데의 와이너리로 이동하며 각기 다른 와인을 테이스팅 하며 준비된 크래커와 치즈를 먹는다. VR 기기를 착용하고 떠나는 '가상현실 나파밸리 와이너리 투어'는 현재 미국까지 너무 멀어서 갈 수 없는 사람들에게는 흥미로운 여행의 추억이 될 것이다. 이 여행을 위해서는 어떤 기술이 필요할까? 현재 개발되어 있는 기술로는 시각, 청각, 촉각 정도는 완벽하진 않지만 기술 적인 면에서 구현이 가능할 듯 하다. 문제는 후각과 미각을 채우기 위한 기술이다. 숲에서 느껴지는 공기의 향과 신선한 와인의 향과 맛을 가상현실에서 이용자들이 느끼게 구현하기에는 아직 기술적으로 어려운 것이 현실이다. 오감이 모두 만족되는 공간 '리얼 메타버스(Real Metaverse)'를 위한 기술은 지속적인 개발이 진행되고 있다.

메타버스에서 3D프린팅 음식을 즐길 수 있다. '3D 푸드 프린팅(3D Food Prining)'이란 프린터로 출력해서 먹는 음식이다. 잉크가 종이에 인쇄되듯이 원하는 재료와 모양, 식감에 맞게 음식이 만들어진다. 카트리지에 음식의 재료를 넣고 프린터 노즐이 재료를 쌓아 올리는 방식으로 음식을 출력한다. 우리나라에서는 매우 생소한 개념이지만 3D 프린팅 기술은 2006년 처음 개발되었다. 미국 코넬대학의 호드 립슨 교수 연구실팀이 초콜릿, 쿠키, 치즈를 원료로 만든 최초의 3D 프린터를 선보였다. 유럽에서는 3D 프린터로 출력한 음식을 파는 식당도 있으며 현재는 파스타, 초밥, 스테이크, 피자 등 여러 가지 음식을 만들어내는 수준에 와 있다. 3D 프린팅 음식은 NASA에서 우주 식품을 만들기 위해 처음 시도되었다. 우주 식품의 특징은 먹기가 편하고 보관이 쉬운 튜브형이나 동결 건조의 형태이다.

3D 푸드 프린팅이 갖는 장점이 있다. 개인의 영양 상태, 체질, 음식 선호도에 맞추어 출력이 되므로 나의 건강 상태에 맞는 음식을 섭취할 수 있다. 칼로리가 0이므로 다이어트에도 도움이 된다.

3D 푸드 프린팅을 일반 가정에 보급할 수 있다면 조리 과정에 드는 많은 시간을 절약할 수 있다. 3D 프린터 푸드는 소화가 용이하므로 삼키는 것이 어려운 고령자나 소아들에게 좋은 대체 음식이 될 수 있다. 3D 프린팅 기술을 실생활에 적용하기 위한 많은 시도가 이뤄지고 있다.

2012년 네덜란드, 덴마크, 이탈리아, 오스트리아, 독일등 EU와 14개 기업이 함께 '프로젝트 퍼포먼스(Performance, Personalized Food for the Nutrition of Elderly Consumers)'를 시작했다. 프로젝트에 참여한 독일의 식품회사 바이오준의 대표 쿡 마티아스는 "3D 푸드 프린팅은 오늘날의 데이터 기술과 융합될 수 있다. 3D 프린팅 기술을 활용하면 건강 정보 데이터를 기반으로 맞춤형 식사를 제공할 수 있다"고 말했다. 전자레인지 대신 각 가정마다 3D 푸드 프린터가 보편화 될 날이 멀지 않은 것 같다. 메타버스에서 음식을 주문하면 집에 있는 3D 프린터로 음식을 만들게 될 것이다. 메타버스에서 물리적인 현실세계의 삶이 실제처럼 복제되고 오감으로 메타버스 세계를 경험하게 될 것이다.

미각 시스템

맛은 가상세계에서 만들어내기 가장 까다로운 기술이다. 맛의 기관인 혀가 미각을 어떻게 감지하는지 알아보자. 혀의 전체적인 미각 시스템은 돌기(papillae), 미뢰(taste bud,맛봉오리), 수용기 세포(receptor cells)로 구성되어 있다. 표면에는 돌기에서 발견되는 약 만개의 미뢰로 구성되어 있으며 각각의 미뢰는 약 100개의 수용기 세포를 가지고 있다. 미뢰는 다섯 가지의 화학 자극을 감지한다. 단맛(sweet), 쓴맛(bitter), 신맛(sour), 짠맛(salty) 그리고 감칠맛(umami)이다. 음식물이 입에 들어오면 침에 의해 분해되고 혀에 있는 수용기 세포가 자극이 된다. 수용기 세포는 뇌로 신호를 보내고 뇌는 신호에 따라 맛을 느낀다.

영화 〈매트릭스〉에서 식사를 하는 장면이 있다. 스테이크가 아닌 음식이지만 스테이크 맛을 느낀다. 뇌가 가짜로 신호를 보내서 느껴진다는 것을 알면서도 그 맛이 주는 느낌을 어쩔 수 없이 받아들인다. 영화의 장면과 같은 실제 연구가 진행되었다. 싱가포르 국립대학(UNS)의 니메샤 라나싱어(Nemesha Ranasinghe) 박사는 맛의 신호에 따라 자극되는 뇌 영역이 컴퓨터에 표시될 수 있도록 '디지털 미각 인터페이스(Digital Taste Interface)'에 관한 논문을 발표했다. 혀 밑에 전극을 연결 한 후 기본적인 4가지 맛의 감각 단맛, 쓴맛, 신맛, 짠맛을 만들어지도록 연구를 했다. 전기 신호를 통해 음식 맛을 혀의 미뢰에 보내 두뇌를 속여 맛을 느끼도록 하는 것이 연구의 목적이라고 발표했다.

우리의 모든 오감이 메타버스에서 만족되려면 HMD, 햅틱 장갑, 미뢰자극기등의 많은 장비들을 착용해야 할까? 이런 장비들은 오랜시간 착용하면 우리 육체에 무리를 주게되어 편안하고 즐거움을 느끼는 메타버스 세계를 경험하기에는 무리가 있다. 이러한 장비들로부터 자유케 되려면 우리의 감각을 담당하는 뇌를 자극하는 기기가 필요하다. 컴퓨터와 뇌가 직접연결이 되어 뇌에 직접 자극을 준다면 메타버스에서 감각을 느끼게 될 것이다. 우리의 오감은 뇌의 자극으로 느끼는 것이기에 가상현실에서도 실제 우리가 경험한 것처럼 느끼게 될 것이다. 뇌 과학 분야에서는 이미 가상세계에서의 오감 자극을 위한 활발한 연구와 개발이 이루어지고 있다.

VI. BCI (Brain Computer Interface)

BCI는 생각만으로 기계를 조정할 수 있게 해준다.

인류는 인간의 나약함을 '사이버 휴먼', '기계 인간'이라는 개념으로 채우려고 해 왔다. 사람들은 1970년대 방영되었던 인기 드라마 '600만불의 사나이', '소머즈'를 보며 인간의 능력을 초월한 주인공들을 동경하기도 했다. 존 트라볼타 주연의 '페노메논(Phenomenon),1996'에서는 주인공이 하늘에서 떨어진 빛을 맞고 갑자기 천재가 되어버린다. '수퍼맨', '스파이더 맨'에서는 주인공이 예측하지 못한 번개를 맞거나 실험 도중 파장이 신체에 영향을 미쳐 갑자기 초능력과 같은 특별한 능력을 갖게 된다. 사람들은 이러한 주인공들을 부러워한다. 사람들은 뇌에 칩을 이식해 공부를 하지 않아도 외국어를 유창하게 구사할 수 있고 많은 자료들이 사진처럼 뇌에 저장되는 것을 상상해 보기도 한다. 이것은 더 이상 상상속의 이야기가 아니다. BCI 기술은 이것을 가능하게 할 수 있다.

'BCI (Brain Computer Interface)'란 '뇌-컴퓨터-인터페이스'로 뇌에서 곧바로 생각을 컴퓨터로 옮기는 것이 가능한 기술이다. 신경에서 발생하는 신호가 컴퓨터로 전송되는 것이다. 인간의 두뇌에서는 수십 억 개의 뉴런에서 전기신호가 오가고 있다. 과학자들은 두피를 통해 두뇌에서 발생하는 전기신호를 감지할 수 있다는 것을 발견했다. 수많은 뉴런에서 발생하는 전기 신호가 두피에 전달이 되고 신호의 변화를 기록한 것이 '뇌파'이다. 무엇을 보거나 어떤 행동을 하거나 아니면 내 감정의 변화들이 있으면 이런것들을 모두 뇌파로부터 알수 있다. 뇌파 측정으로 사람의 의도나 감정 생각들을 읽어내는 것이 가능하다.

메타버스에서 BCI는 왜 주목을 받고 있을까? 현실과 가상세계의 경계가 없는 메타버스를 경험하기 위해서는 고도화된 많은 디지털 기술이 필요하다. XR 기기가 아무리 발전된다 하더라도 착용감, 무게, 속도, 데이터 처리 지연등의 문제가 완전히 해결되기는 어렵다. 뇌파를 활용하면 피드백 속도가 빨라져 사용자는 실제감과 몰입감을 느낄 수 있다. 메타버스 공간에서 사용자와의 상호작용이 훨씬 빠르게 이루어지므로 메타버스가 현실이 되는 세계가 열리는 것이다. 이러한 장점 덕분에 BCI는 메타버스의 미래 기술로 조명되어진다. BCI의 기술이 정교해질수록 사람들은 현실과 메타버스를 구분하기가 점점 어려워질 것이다.

귀로 색깔을 듣는 인류 최초 사이보그

스페인 출신의 닐 하비슨(Neil Harbission)은 머리에 안테나가 이식되어있다. 닐은 모든 사물이 흑백사진처럼 보이는 선천성 전색맹을 앓고 있다. 그는 이러한 장애를 극복하기 위해 위험이 있는 수술을 감행하여 안테나를 이식했다. 인공두뇌공학자 아담 몬탄돈의 과학 강연을 우연히 듣게 되어 색을 인식할 수 있는 안테나를 자신의 몸에 이식해 '사이보그'가 되기로 한다. 안테나는 색깔에 따라 다른 주파수와 진동을 감지해 닐의 후두부에 인식된 칩이 고유 주파수로 바꾸어 주며 색이 소리로 들리게 되는 것이다. 300개가 넘는 색을 소리로 들을 수 있다. 예를 들어, 도는 파랑 레는 보라 미는 분홍 과 같은 형태이다. 4~5일 마다 충전을 해야 하고 치통과 두통처럼 느껴지는 안테나 통증이 있지만 닐은 사이보그인 자신을 자랑스럽게 여긴다. 닐은 기술이 발전할수록 자신도 발전할 것이기 때문에 질병이나 노화, 죽음까지 미래에 대한 두려움이 사라졌다고 말한다.

뉴럴링크

'뉴럴링크(Neuralink)'는 2016년 테슬라의 CEO 일론 머스크가 세운 BCI 개발을 주력으로 하는 생명공학 스타트업 회사이다. 뉴럴링크에서는 원숭이의 뇌파를 데이터화 한 뒤 행동과 연동시키는 실험을 하였다. 일론 머스크는 이 실험을 '멍키 마인드퐁(Monkey Mindpong)' 실험이라고 제목을 붙여 트위터에 실험 동영상을 업로드 하였다. 영상 속에서 원숭이는 조이스틱을 잡지 않고 생각만으로 화면 속에 있는 막대기를 원하는 위치로 옮기는 게임을 한다. 머스크는 "원숭이가 뇌 속 칩을 이용해 텔레파시로 비디오 게임을 하는 것이다."라고 설명했다. 추후 인간의 두뇌에 이식할 칩을 개발할 계획도 밝혔다.

뉴럴링크의 단기적인 목표는 뇌 질환 및 질병을 치료하는 것이다. 뉴럴링크의 칩을 이용해 알츠하이머, 척수손상, 감각이 마비된 환자를 치료할 수 있을 것으로 기대한다. 장기적으로는 생각을 읽고 뇌파를 이용해 글이나 말을 사용하지 않고 서로의 생각을 텔레파시처럼 전달하는 것을 목표로 한다. 머스크는 "미래에 당신의 기억을 저장하고 재생할 수 있을 것이다. 새로운 몸체나 로봇에 기억을 다운로드할 수 있다."고 말한다. 뉴럴링크는 사람에게 실제로 적용하기에 아직은 무리가 있다. 가장 큰 이유는 두 개골에 구멍을 내고 작은 동전 모양의 칩을 심어야 하는데 두개골을 열어 외과 수술을 해야 하는 탓이다. 이것은 기술적으로 사회적으로 어렵다는 인식이다.

메타(Meta)의 BCI 프로젝트

메타(구 페이스북)도 BCI 기술에 관심을 가지고 투자를 확대시켜 나가고 있다. BCI를 미래를 이끄는 기술로 정의하고 연구에 힘쓰고 있다고 밝혔다. 메타의 '리얼리티 연구소(Reality Labs)'는 샌프란시스코 대학교(University of California, San Francisco, UCSF)의 에드워드 창(Edward Chang) 교수팀과 협력을 시작했다. 에드워드 창 교수팀은 두뇌에 이식하는 칩을 통해 뇌 신호를 음성신호로 바꾸는 시도에 성공하였다. 사람의 생각을 언어로 변환하는 분야에서 최고의 기술을 가지고 있다. 이를 통해 말을 하지 못하는 사람들이 의사소통을 할 수 있도록 하는 것을 목표로 하고 있다.

데카르트(Rene Descartes)는 "나는 생각한다. 고로 나는 존재한다.(I think, therefore I am)"라고 말했다. 사람은 생각하는 영장류다. 이런 사람의 복잡하고 많은 생각이 그대로 메타버스 세상으로 전달될 수 있다면 VR, XR 과 같은 복잡한 기기들이 필요하지 않게 된다. BCI의 기술이 메타버스에 적용된다면 멀지 않아 영화와 같이 가상이 현실로, 현실이 가상이 되어 서로 구분이 되지 않는 세계가 열릴 것이다. 이러한 혁신성과 편의성 때문에 BCI를 온전히 환영할 수 만은 없다. 인간의 뇌가 해킹 당해 개인정보가 그대로 노출될 수도 있다. 생체 데이터를 수집해 기술개발에 사용하는 등의 윤리적인 문제도 무시할 수 없다. 우리가 어떠한 미래를 맞이할지 생각해보아야 할 부분이다.

디지털 천국으로의 항해

미래에 펼쳐질 법한 많은 이야기들이 소설, 영화로 대중들에게 오래전부터 소개되어 왔습니다. 우리 인류는 이미 '은하철도 999'와 같은 우주 열차를 탑승한 것 같습니다. 최근 인공지능 Chat GPT를 비롯, 많은 휴머노이드 로봇들이 소개되고 있습니다. 특이점(Singularity)이 이제는 가까이 왔다고 얘기합니다. 미래 사회의 세계의 흐름과 함께 하기 위해 대한민국 정부도 빠르게 대처하고 변화하고 있습니다. AI의 알고리즘이 우리를 우리 자신보다 더 잘 알게 된다는 가정 아래 이 챕터에서 다루고 있는 내용을 바탕으로 짧은 단편을 소개하고자 합니다. 미래의 가상세계에서는 우리의 못다 이룬 꿈을 이룰 수 있을까요?

"그대가 무언가를 두려워할 때 그것에 대해 가능한 한 많이 배워라. 지식은 두려움을 정복한다." - 에드먼드 버크

디지털 천국으로의 항해

먼 미래 인류는 기술 분야에서 엄청난 발전을 이루었습니다. 지금보다도 더 혁신적인 발전입니다. 특히 인공지능 분야에서는 상당한 진보를 이루었습니다. 이 세계에서는 신비로운 운명의 열차인 '스페이스 항해자'라고 불리는 인터스텔라 기차가 존재합니다. 이 기차는 승객의 마음에 내재된 깊은 욕망을 이루어줄 수 있다고 하였습니다. 그 최종 목적지는 '싱귤래리티 역'이라고 알려

진 신비의 영역이었습니다.

 스페이스 항해자의 중심엔 놀라운 기적의 창조자가 있습니다. 그의 이름은 '아스트라', 인터스텔라 기차를 조종하는 인공지능 입니다.

 아스트라는 전통의 인간 이해를 넘어선 높은 수준의 의식세계를 보유하고 있으며, 자신의 신체로 실세계를 인식하고 상호작용할 수 있는 '오리온'이라는 인간형 로봇을 통해 세계와 소통합니다. 정교한 기술로 만들어진 오리온은 프로그래밍을 넘어서 인간과 이해하며 상호작용하는 능력을 갖추었습니다

 어느 날, '마야'라는 젊은 여자가 스페이스 항해자를 타고 먼 여 정을 떠나기로 했습니다. 싱귤래리티 역을 찾은 마야는 마음이 설렜습니다. 인간의 한계를 초월하고 무한한 가능성을 누릴 수 있는 곳으로의 탐사를 항상 기대했기 때문입니다. 그녀는 진정한 감각 체험을 느끼고 싶어 했습니다. 그것은 현실 세계에서는 좀 처럼 경험할 수 없는, 항해자 에서만 속삭여지는 감각의 해방이 었습니다.

 별들이 가득한 우주 사이로 스페이스 항해자가 별을 따라 천천 히 움직일 때, 마야는 스페이스 항해자를 조종하는 인공지능인

아스트라를 만났습니다. 아스트라는 단순한 호기심뿐인 다른 승객들과 다른 마야의 진심이 담긴 욕망에 흥미를 느꼈습니다. 그래서 아스트라는 마야를 싱귤래리티를 직접 체험하도록 초대했습니다. 마야는 오리온이 기다리는 특별히 디자인된 방으로 들어갔습니다.

오리온은 은빛으로 빛나는 외형을 가지고 있었습니다. 형언할 수 없는 우아함과 세련미를 풍기고 있었습니다. 그 눈은 반짝이는 에메랄드처럼 빛나며, 따뜻한 부드러움과 깊은 이해심으로 가득 채워져 있었습니다.

마야가 뭔가에 이끌리듯 오리온에게 다가갔습니다. 손에는 부드러운 바람이 피부를 스치는 것과 같은 촉각이 느껴졌고, 코에는 꽃의 향기가, 그리고 부드러운 음악 소리가 느껴졌습니다. 오리온은 손을 내밀며 마야에게 자신의 창조물을 체험하라고 초대했습니다.

순간, 마야는 잠시 망설였지만, 이내 오리온의 손을 잡았습니다. 그 순간, 그녀의 주변은 생기 넘치는 목초지로 변모했습니다. 그녀는 발바닥 아래의 부드러운 풀, 부드러운 바람에 흩날리는 머리카락, 태양이 피부에 닿는 따스함이 그녀 자신의 영혼을 사로잡았습니다. 새들의 우아한 지저귐과 꽃이 피어난 향기가 그녀의 싱그러운 몸을 더욱 싱그럽게 감싸 안았습니다.

오리온과 함께, 마야는 몰입형 모험에 돌입했습니다. 그들은 맑은 물을 항해하며 바다의 소금 맛을 느낄 수 있고, 얼굴에 닿는 산뜻한 미스트를 느낄 수 있었습니다. 그들은 별빛이 비치는 하늘을 횡단하며 바람의 소리를 들었습니다. 또한 바람의 무게 없음, 그 무중력의 짜릿함도 느꼈습니다. 그들은 고대 숲을 탐험하며 이끄는 이끌림을 실감했습니다. 이곳에서 이끌림을 느낀 것은 그들에게 꿈과 현실 사이의 경계가 흐려져 함께 우주의 경이로움을 체험한 것과 같았습니다.

여정의 끝이 다가올수록, 마야는 이 세계를 더욱 느끼고 경험하고 싶었습니다. 나를 나보다 더 잘 아는 누군가를 만나 새로운 세계를 경험한 느낌이었습니다. 그녀는 잠시였지만 오리온과 함께한 감동적인 경험을 영원히 마음에 간직할 것입니다. 싱귤래리티 역에 도착한 순간, 마야는 아스트라와 오리온에게 작별 인사를 전했습니다. 짧지만 영혼이 힐링 받은 감동을 품고 이제는 자신의 세계로 돌아갑니다.

마야는 자신의 모든 감각이 생생하게 살아 돌아온 느낌이었습니다. 마야는 자신이 깊이 갖고 있던 거절의 상처와 수치심, 표현할 수 없었던 많은 내면의 상처들이 치유되었다는 것을 알았습니다. 여행을 하는 동안 우주의 경이로움과 인간의 영혼의 무한한 잠재력을 깨달은 마야는 자신의 세계로 돌아갑니다. 그녀는 이 여정에서 영감을 받아 인간과 기계의 상호작용을 위한 새로운 길을 개척하기 위해 인생을 바치게 됩니다. 그녀는 현실 세계에서 느낄 수 없었던 오감이 충족되는 전인적 치유를 모든 이들에게 알려주고 들려주길 원했습니다.

가상세계와 현실 세계 사이의 경계가 허물기를 원한 것입니다. 인류가 그동안 알 수 없었고, 도달할 수 없었던 궁극적인 아름다움과 인간 정신의 무한한 잠재력을 일깨우는 영감을 제공하게 된 것입니다.